Sobre a potencialidade da alma

Dados Internacionais de Catalogação na Publicação (CIP)
(Câmara Brasileira do Livro, SP, Brasil)

Agostinho, Santo, Bispo de Hipona, 354-430.
 Sobre a potencialidade da alma / Santo Agostinho; tradução de Aloysio Jansen de Faria; revisão da tradução Frei Graciano González. Petrópolis, RJ: Vozes, 2013. (Vozes de Bolso)
 Título original: De quantitate animae.

 6ª reimpressão, 2022.

 ISBN 978-85-326-4510-4

 1. Agostinho, Santo, Bispo de Hipona, 354-430.
De quantitate animae 2. Alma 3. Maniqueísmo I. Título.

96-5495   CDD-128.1

Índices para catálogo sistemático:
1. Alma humana: Filosofia 128.1

Santo Agostinho

Sobre a potencialidade da alma

(*De quantitate animae*)

Tradução de Aloysio Jansen de Faria
Revisão da tradução Frei Graciano González, OAR

Vozes de Bolso

Tradução realizada a partir do original em latim intitulado
De quantitate animae

© desta tradução:
1997, 2013, Editora Vozes Ltda.
Rua Frei Luís, 100
25689-900 Petrópolis, RJ
www.vozes.com.br
Brasil

Todos os direitos reservados. Nenhuma parte desta obra poderá ser reproduzida ou transmitida por qualquer forma e/ou quaisquer meios (eletrônico ou mecânico, incluindo fotocópia e gravação) ou arquivada em qualquer sistema ou banco de dados sem permissão escrita da editora.

CONSELHO EDITORIAL

Diretor
Gilberto Gonçalves Garcia

Editores
Aline dos Santos Carneiro
Edrian Josué Pasini
Marilac Loraine Oleniki
Welder Lancieri Marchini

Conselheiros
Francisco Morás
Ludovico Garmus
Teobaldo Heidemann
Volney J. Berkenbrock

Secretário executivo
Leonardo A.R.T. dos Santos

Editoração e org. literária: Orlando dos Reis
Diagramação: Sheilandre Desenv. Gráfico
Capa: visiva.com.br

ISBN 978-85-326-4510-4

Este livro foi composto e impresso pela Editora Vozes Ltda.

Sumário

Apresentação, 9

1 Cinco perguntas de Evódio, 21

2 A natureza da alma, 24

3 Sobre a potência da alma, 27

4 Ainda que não tenha dimensões materiais, a alma é algo real, 30

5 A infinita potência da alma, 35

6 Da longitude em si mesma, 42

7 Argumento de autoridade e argumento de razão, 45

8 As figuras geométricas – Figura com três linhas, 47

9 Comparação entre as figuras, 51

10 A máxima igualdade nas figuras, 56

11 A preeminência nas figuras, 59

12 Importância do ponto, 63

13 A alma incorpórea vê o incorpóreo – O que é a alma?, 68

14 Potencialidade da alma imaterial, 70

15 A alma cresce com a idade?, 74

16 A alma apresenta certo progresso até sem desenvolvimento do corpo, 77

17 O crescimento da alma no tempo é em sentido figurado, 81

18 A linguagem que a criança aprende progressivamente não significa crescimento da alma, 84

19 Em que sentido a alma cresce ou decresce, 91

20 Se a alma sabe alguma coisa sobre ela mesma, 94

21 As forças do corpo desenvolvidas com o tempo não provam o crescimento da alma, 97

22 Origem das maiores forças do corpo, 100

23 A alma sente no corpo, em todas as suas partes, sem ter extensão – O que é sensação?, 105

24 Uma coisa é ver, outra conhecer, 114

25 Como se deve examinar uma definição, 120

26 Existe ciência e razão nos animais?, 125

27 Razão e raciocínio, 130

28 O animal sente, mas não sabe disso, 135

29 Diferença entre ciência e sensação, 138

30 Não é por sentir em todo o corpo que a alma está difundida por ele, 142

31 As partes cortadas do corpo de certas lagartas mostram movimento. Isso comprova que a alma se estende pelo corpo?, 147

32 As partes de certos corpos animais divididos podem viver sem que por isso se divida a alma, 152

33 O poder da alma sobre o corpo, nela mesma, e diante de Deus, nos sete graus de sua magnitude, 159

34 Somente Deus é superior à alma e somente Ele deverá ser adorado, 167

35 As atividades da alma recebem denominação diversa segundo os sete graus mencionados, 170

36 Restantes questões sobre a alma – Qual a verdadeira religiosidade?, 172

SUPLEMENTO: As três questões respondidas de modo breve no texto: Origem da alma; número (individuação) das almas; a alma separada, 177

REFERÊNCIAS: Obras de Santo Agostinho consultadas e citadas na Introdução, em Notas explicativas e no Suplemento, segundo o ano da publicação, 189

Fontes de consulta: indicação bibliográfica, 190

Apresentação

Esta obra é pioneira tanto na Patrística Ocidental como na Oriental. Ainda que ilustres nomes do tempo, como São Clemente de Alexandria, São Basílio Magno, Orígenes, São Justino, Tertuliano e outros tivessem trazido em seus escritos referências ao tema da alma humana, eram apenas passagens ocasionais. Santo Agostinho foi pioneiro em dois sentidos: é o primeiro a escrever um pequeno livro sobre a *imortalidade* do espírito (ano de 387), e o primeiro a escrever um estudo monográfico e o mais possível completo sobre a natureza da alma. E o atual livro traduzido, *De quantitate animae*. É obra de filosofia, mas à luz da fé, principalmente nos quatro últimos capítulos. A obra é de 388, escrita em Roma.

Santo Agostinho adota a expressão *quantitate* no sentido de potencialidade (qualitativo), e nunca no de grandeza material ou dimensional (quantitativo). E será oportuno para o leitor de hoje esta versão, com o enfoque da metafísica, mais ainda, da ontologia agostiniana, quando a moderna psicologia prática, da vida psicossensível, desligando-se da filosofia, cuida mais dos efeitos de atuação do psiquismo que da causa, ou seja, a psique em si mesma, como forma única dos atos da natureza constituída.

Na psicologia racional – dentro da linha católica – o estudo da alma em si faz parte da ontologia. E não se pode fazer uma psicologia autêntica da vida psicossensível sem indagar da natureza *da psique*.

E faço a referência com motivo especial: traduzir Santo Agostinho, que é filosófico até nas entrelinhas do texto, sem explicar a filosofia personalíssima do santo Doutor, é mutilar o pensamento agostiniano.

Quando falamos em alma (em grego *psyché*; em latim *animus*), ou em espírito (grego *pneuma*; latim *spiritus*), falamos em uma só coisa vista sob dois aspectos: princípio vital e de animação (*animus*) e substância própria e imaterial (*spiritus*). E, nesta visão, como procede a alma agindo no corpo e junto com ele, e como ela atua por suas potências próprias, independentemente do corpo (e até sem ele, no caso da alma separada).

Tratando da potencialidade da alma, Santo Agostinho traz destaque especial ao conhecimento sensível, como ao inteligível em si, respondendo a cinco indagações feitas e originadoras do livro. Não quer ser um estudo de psicologia racional completo (nem esta denominação existia no tempo, embora existisse o tema). Trata-se de uma primeira abordagem, na Patrística, e feita por quem a Igreja chamou, desde há dezesseis séculos, como o pai da cultura católica do Ocidente.

À luz da fé, a natureza da alma não se explica apenas pela filosofia. Ainda assim o pensamento racional e filosófico pode especular sobre a realidade de um princípio maior que dá animação aos seres vivos, e isso fizeram dois grandes pensadores da Antiguidade grega, Platão e Aristóteles.

Para o idealismo platoniano a alma ou pensamento (o *nous*) é ideia, emanada de uma ideia primeira, o arquétipo (idealismo e abstração), e se confunde com tal ideia primeira. Mas ele defende a imortalidade e a *imaterialidade* destas ideias emanadas (no *Fédon* e no *Timeu*), sem referência à animação do corpo, porque considera este corpo como acidental à alma, ou cárcere do espírito.

Para o realismo moderado de Aristóteles, a alma (*psique*) é princípio de vida e animação do corpo, e é sempre em função disso que ele fala na alma, em sua obra *Peri tès psychés*.

Entretanto, mesmo refletindo sobre a existência de algo imaterial, com realidade própria, capaz de dar animação ao corpo, era difícil ao pensamento filosófico dizer precisamente qual é a natureza da alma, a não ser pela negativa, informando o que ela não é: não é matéria e não é mortal, sendo manifestação de um bem supremo (Platão); e não é efeito, mas é causa, anima o corpo, mas atua sem ele no *nous* ou pensamento, como diria Aristóteles (o célebre axioma: o pensamento não tem órgão).

Santo Agostinho, fundamentando-se no dado antecedente da fé, também admite ser possível determinar exatamente esta natureza, que *induzimos* dos efeitos que produz. Se alma não é matéria, e certamente não é, e se conhecemos atualmente a partir dos dados sensíveis, que a mente recolhe e interpreta, não sendo a alma vista, ouvida, provada, cheirada ou tocada, e não tendo extensão ou medida, é capaz de entender e definir a medida e a extensão, logo, não é da natureza daquilo que pode perceber e entender.

A alma conhece a si mesma por si mesma (*mens se ipsam per se ipsam novit*, Sobre a Trindade 9,3). E o entendimento da alma é do inteligível, não do sensível. Esse é o método de reflexão.

A questão do método é fundamental para se entender melhor uma determinada expressão filosófica, e o método agostiniano é muito pessoal, cujas linhas centrais tentaremos explicar brevemente.

Ele era um retórico, especializado na arte de argumentar. Entretanto, cria sua própria expressão, e tem uma retórica muito sua, onde predominam as antíteses, os jogos de oposição dos contrários, as comparações por analogia (observadas as semelhanças, por oposição das diferenças), e uma técnica de argumentar que não deseja ser abstrata, ou demasiado intelectual, é antes dirigida por uma lógica intencional que, na palavra de seu filho e comentador, Frei Victorino Capánaga, quer mais converter pela adesão à verdade que convencer com argumentos abstratos.

Em princípio, é um método *socrático*: desenvolve o tema através de uma série de perguntas e comparações, levando o interlocutor a induzir e deduzir por ele mesmo, e faz isso numa progressão constante de imagens e ideias, um processo às vezes lento e demorado, mas com uma finalidade bem-planejada, e através de uma lógica intuitiva que a posteridade sempre elogiou.

Parece às vezes que ele está divagando, distanciando-se do tema, e na verdade está formulando seus pressupostos (evidências a serem consideradas inicialmente) para somente depois trazer as conclusões, e ali fica bem evidente o sentido intencional daquelas "divagações" ou pressupostos, e a lógica dos consequentes. Inclusive, não é um método fácil de traduzir para outro idioma. Como já foi dito, implica uma filosofia das entrelinhas (os pressupostos), que deve ser observada a cada passo. Principalmente numa obra que é filosófica em todo o sentido, em cada linha e cada palavra empregada. E não existia naquele tempo uma nomenclatura de expressões já consagradas, e que a Escolástica teria, séculos depois. Ele precisou criar sua expressão (e seus conceitos foram mantidos na teologia e na filosofia católica posterior, mesmo quando a nomenclatura vinha a ser diferente).

Vejamos como isso se manifesta no livro traduzido.

Trata-se de um diálogo, uma conversa entre dois interlocutores, o Professor Agostinho e o aluno Evódio. Eram amigos, e foram batizados quase ao mesmo tempo por Santo Ambrósio. O diálogo é de 388, ainda em Roma, antes da viagem de volta à África. Evódio faria parte da comunidade monacal fundada por Agostinho em Tagaste, depois seria ordenado e nomeado bispo de Uzala, na Numídia, em 396. Era um matemático, diz a informação biográfica, não tinha estudos de filosofia (que fez em Tagaste com o mesmo Santo Agostinho). É ele quem dá origem ao diálogo, trazendo cinco perguntas sobre a natureza da alma. Em síntese, ele desejava saber o que é a alma, qual sua natureza própria, sua potencialidade, sua atividade como espírito.

O método socrático agostiniano responderá lentamente ao amigo, destacando questões e os pressupostos necessários para uma informação o mais completa possível. E a tese principal já lançada logo ao início, pressuposto fundamental, é de que: a alma tem natureza própria, a do espírito, distinta da natureza da matéria, e se não pode ser percebida pelos sentidos do corpo, se não podemos ver a alma com os olhos, podemos entender com a razão, e ver mentalmente. E quem vê mentalmente é a própria alma.

E no sistema das oposições e jogo dos contrários, mostra o santo Doutor que, se não podemos, na atual condição de uma alma encarnada no corpo, saber exatamente como ela é, ou o que é, podemos inteligivelmente entender o que não é, e nisto sabemos o que ela é.

Se é forma da matéria (faz com que essa matéria viva do corpo seja o que é), não pode ter a mesma natureza da matéria, ou não seria princípio formal. E se pode entender e conhecer a matéria, sendo imaterial, é algo real em si (substância espiritual própria).

Como foi dito, é um processo gradual, lento e progressivo. Começa por sugerir comparações matemáticas, no caso as geométricas, distinguindo o conceito e o objeto. Por exemplo, a noção do que seja linha (como conceito) e a materialidade da linha traçada no papel, ou observada nos corpos. As noções de medida e extensão, sem a imediata visão do objeto medido ou visto, as abstrações intelectuais pelas quais conhecemos o que é medida, extensão, tamanho, dimensão, e o fato de que a alma, podendo abstrair e entender tudo isso, sem ter medida, extensão e tamanho material, não está sujeita às relações de tempo-espaço, e nisso é superior. A matéria é vista sempre nesta relação, seja a temporal, seja a espacial. E a partir daí, após o capítulo 8, ele vai falar propriamente da atuação ou potencialidade da alma, inclusive observada nas variações do corpo que ela anima (idade, crescimento etc.). Os últimos capítulos já tangenciam a teologia (os graus de potência da alma e sua proximidade de Deus).

E para uma informação ainda mais próxima, a favor dos leitores menos habituados com o enfoque rigorosamente filosófico, faço referência breve às perguntas de Evódio, que originam o livro.

Evódio faz cinco indagações iniciais: De onde se origina a alma? O que ela é? (*qualis sit*). Como ela é (*quanta sit*)? Como se une ao corpo? Como procede unida ao corpo, e quando separada dele?

Na verdade, todas estas perguntas se referem a controvérsias e polêmicas do tempo. O norte-africano era uma sementeira de estudos na época, e basta lembrar os centros culturais de Cartago e Alexandria, que foram célebres na Antiguidade. Alexandria chegou a ter a mais importante universidade da época, a Didascália, e tinha a maior biblioteca do mundo antigo, destruída tempos depois na invasão dos bárbaros.

No livro agora traduzido, Santo Agostinho não vai fazer referência direta a controvérsias e polêmicas. No Suplemento, que redigi para colocar depois do livro, darei notícia de alguns dos pontos controversos.

A primeira pergunta, a da origem, vai ter uma resposta que poderíamos chamar de antropologia filosófica: perguntar pela origem da alma é indagar da origem do ser humano. Situa-se, portanto, o assunto, na visão do ser completo, alma e corpo, espírito e matéria, na unidade da pessoa, e mesmo tratando da alma em particular é da natureza humana que estamos falando.

E, evitando a controvérsia do tempo, que distinguia entre a primeira alma, a de Adão, em criação direta (Gn 2,7), e a dos demais seres humanos (cf. Suplemento), afirma diretamente Agostinho: o único Autor de qualquer alma é Deus.

A segunda pergunta, sobre o que é a alma, qual sua natureza, não deixava de ser algo polêmica no tempo, em filosofias platonianas e gnósticas, onde a espiritualidade da alma era interpretada de um modo falso e até confundida com a matéria. A resposta e argumentação agostiniana aqui é no sentido de provar e afirmar a imaterialidade do espírito como uma substância própria.

A terceira indagação, *quanta sit*? (de quanto é capaz) poderia ser entendida quantitativamente (se tem medida e extensão) ou *qualitativamente*, como potencialidade, e será neste sentido que Santo Agostinho reflete o tema. Aliás, esse *quanta* como atuação, potencialidade e natureza própria do espírito constitui a maior parte do livro. Daí o título original *De quantitate animae*. Um dos autores que estudou mais detidamente esta conotação agostiniana sobre a atividade da alma, entre outros, foi o Pe. Eugène Portalié, SI, no *Dictionnaire Catholique de Théologie*.

A quarta pergunta, sobre como a alma se une ao corpo e nele atua, está ligada à terceira e será respondida com ela. Aliás, sem aderir a Aristóteles, Santo Agostinho também enfoca a questão na composição do homem como alma e corpo (o que mais tarde seria chamado de união substancial). Mas, diferente do mestre Aristóteles, o Doutor de Hipona insiste nas atividades próprias da alma, até quando está unida ao corpo que ele faz ser um corpo vivo.

Finalmente, a quinta pergunta, como se comporta a alma separada do corpo? – não foi respondida no livro. A matéria não era filosófica e sim teológica (de fé definida inclusive). Trataremos do assunto no Suplemento, inclusive com a doutrina agostiniana a respeito em obras posteriores.

Ao leitor menos avisado pode parecer que o método seguido pelo santo Doutor é um tanto complexo, dadas as supostas divagações em assunto que *aparentemente* não estaria ligado ao livro. Isso decorre do sistema agostiniano de pressupostos e jogo de contrários, até que a conclusão final faz entender a ligação dos assuntos.

O tema da alma, mais que isso, o desejo de um conhecimento das profundezas do ser, capaz de definir a verdade mesma do existente racional, é a temática fundamental agostiniana desde sua primeira obra: o amor à verdade, o conhecimento da verdade.

Isso tem início no segundo livro escrito em Casicíaco (386) o *De Ordine*, como também nos *Solilóquios*, e aí como prova da imortalidade da alma. É um argumento ontológico (o ser em si mesmo considerado), em que a prova da verdade do ser faz patente a imortalidade, e resumo para o leitor: Se o mundo existe, isso é verdade. Se o mundo deixasse de existir, seria verdade igualmente. Logo, a verdade permanecerá, mesmo que o mundo desapareça. Pois a verdade é um conhecimento da inteligência, potência do espírito. E se a verdade permanece, é porque o conhecimento permanece, portanto, a verdade, como permanência, indica a imortalidade do espírito. E tal argumento não é platoniano, como certa crítica apressada pretendeu definir. É escriturístico, e Santo Agostinho está falando da imagem divina gravada na alma: a verdade está gravada imortalmente na imortalidade do espírito (*Sobre a Trindade* 14,4,5).

O argumento foi posteriormente desenvolvido no *De inmortalitate animae* (livro que completa os *Solilóquios*, como diz o mesmo autor nas *Retratações*), principalmente nos caps. 6 e 7 do livro sobre a imortalidade da alma. E há uma explanação teológica, com enfoques ainda mais admiráveis no livro 14 do *De Trinitate*.

O tema da alma humana, e no caso a definição mesma do ser humano, "espírito vivente" (Gn 2,7), é uma constante na obra agostiniana. Ainda nesta fase pós-Casicíaco (388-390), ele falará do assunto, teologicamente inclusive, no livro *Costumes da Igreja Católica*; e na exegese e hermenêutica no *De Genesi contra manichaeos*; no *De Magistro* (escritos logo após), como já tinha feito referências no *De Ordine* (2,6,19), obra escrita em 386.

Tratará do tema ainda na sequência do seu pensamento, e cito algumas indicações: No *De libero arbitrio*, livro 2 – com referência à psicologia racional; no *Enquiridion* – em várias referências; no seu *Gênesis à letra* em 12 livros, principalmente livros 5, 7, 11 e 12; em *A Cidade de Deus*, nos livros 12, 21 e 22; no *De Trinitate*, sua obra maior, nos livros 9, 10, 11 e 14 – principalmente o último; nas *Cartas 164* e *190* – para citar apenas estas; e em vários *sermões*.

Na época em que escreveu o *De quantitate animae*, um ano após o seu batismo em Milão, ainda leigo (foi ordenado em 391), já demonstrava uma alta competência em teologia, exegese e hermenêutica bíblica, se bem que, no exercício da verdadeira humildade cristã, ele se diga principiante, em duas passagens do livro agora traduzido.

O itinerário intelectual agostiniano sempre foi o da procura da verdade, *spes inveniendae veritatis*, uma verdade que, disse ele em sua obra maior, é procurada para ser encontrada, e a encontramos para conhecer sempre mais e melhor.

Faço a referência para situar de um modo sintético a obra agora traduzida no conjunto dos livros e do pensamento do autor. Obedeço desta forma ao que ele mesmo exige: "leiam meus escritos na ordem em que foram redigidos e na sequência exata de meu pensamento" (no livro das *Retratações*).

Santo Agostinho é um escritor e pensador fiel a si mesmo da primeira à última obra que escreveu. Entretanto, sua especulação esteve sempre em progressão. Ele interligava temas em obras diversas, mantendo a unidade do assunto e a diversidade dos enfoques. Ler suas obras exige uma correlação constante de referências, como procurei fazer nas minhas notas explicativas aos capítulos do livro. O tema da alma é um dos preferidos na sua reflexão, desde os primeiros enfoques filosóficos em Casicíaco (entre 386 e 387) até sua mais admirável expressão teológica, a alma como imagem da Trindade, uma teologia que, disse o seu intérprete e catedrático de Salamanca, Frei Luis Arias, OSA, continua insuperada até hoje, escrita e publicada em sua maturidade intelectual, no ano 416, seu livro *De Trinitate*.

Ao contrário das edições espanholas, aliás excelentes, das obras agostinianas, que costumam colocar notas ao final do livro, preferi colocar as explicações depois de cada um dos capítulos, de um modo claro e breve, para não interromper a sequência do seu pensamento no livro.

Depois do texto completo, acrescento um Suplemento com três questões que foram apenas sugeridas no *De quantitate animae*, mas não desenvolvidas, e inclusive trazem controvérsias daquele tempo, mas que ele responde em outros livros seus (até em algumas cartas). E me pareceu importante explanar a matéria depois do livro, para melhor conhecimento do leitor interessado.

Utilizei para a tradução o texto latino da edição da BAC de Salamanca, vol. 3 da coleção de obras agostinianas, que tem tradução espanhola de Frei Eusébio Cuevas, OSA, com ótima introdução, e sem notas explicativas. Assumo a responsabilidade integral das notas à versão brasileira.

Simplifiquei os títulos latinos dos capítulos – que não são de Santo Agostinho, foram acrescentados posteriormente, e a titulação referida é por vezes excessiva. Aproveitei a versão de Frei Eusébio Cuevas apenas para a confrontação do texto da minha versão brasileira.

Da grandeza da alma

Deum et animam scire cupio
(*quero saber de Deus e da alma*)
Solilóquios 1,2,7

1
Cinco perguntas de Evódio

1 – Evódio (EV)

Percebendo que você tem no momento um tempo livre, gostaria de fazer algumas indagações sobre um tema que me preocupa, e isso não parece inoportuno ou de menor importância.

É certo que algumas vezes, quando lhe trazia uma sequência de perguntas, tive como resposta certo ditado grego, de que não devemos nos ocupar do que está acima de nós. Agora, desejo indagar de nós mesmos, e não acho que seja coisa acima de nós. Quero saber sobre a alma. Não espero receber a mesma negativa. Penso merecer o conhecimento daquilo que somos.

Agostinho (*AG*)

Resuma brevemente o que deseja saber sobre a alma.

EV

Farei assim, pois tenho o assunto constantemente lembrado. Desejo saber: A origem da alma; o que ela é (*qualis sit*); qual sua natureza; sua potencialidade (*quanta sit*); por que foi unida ao corpo; como atua unida ao corpo, e quando está separada deste corpo?

2 – *AG*

Indagar da origem da alma compreende duas coisas: saber de onde vem o ser humano, em sua origem, e falar do que consta, ou de que elementos se compõe. Qual destas coisas quer saber ao indagar de onde vem a alma? Sua pátria de origem, ou qual a sua substância?

EV

Realmente, gostaria de saber as duas coisas. Fica a seu critério dar a resposta.

AG

Creio que a pátria de origem da alma é Deus que a criou. Sobre a sua substância própria não posso imediatamente responder, pois não é possível compará-la com as diversas naturezas que nossos sentidos percebem. Não tem nenhum dos quatro elementos, terra, água, ar e fogo, nem composição como o que é formado por eles, por todos ou por alguns somente. Se me perguntarem de que é feita esta árvore que ali vemos, eu posso dizer que se constitui dos quatro elementos. Mas não saberia dizer a composição de tais elementos em si, ou o que são exatamente. Se a pergunta é sobre a composição do ser humano, respondo que é constituído de alma e corpo. O corpo é feito dos quatro elementos. Quanto à alma, que entendo como substância própria, não saberia dizer como é tal substância, como não sei dizer como é a substância dos elementos do corpo.

EV

Como afirma que a alma tem substância própria se foi criada por Deus?

AG

A terra também foi criada por Deus e não sei dizer de que elementos consta, sabendo apenas que é corpo simples e componente de todos os corpos integrados pelos quatro elementos. A alma foi criada por Deus e tem natureza própria porque assim lhe foi concedido pelo mesmo que criou a alma e criou os quatro elementos, ou seja, por Deus.

Nota explicativa ao capítulo 1

Não importa a imprecisão científica: nem a terra é corpo simples, nem a matéria se compõe dos supostos quatro elementos. Compõe-se de átomos e moléculas na matéria inerte, e de células e tecidos na matéria viva. E isso é verdade *material*, pertence ao estudo humano e científico e pode ser modificado no progresso da ciência. A verdade importante é a *formal* (a que define a essência da coisa): A matéria é sujeita à relação de tempo e espaço, é algo percebido sensivelmente, e a matéria viva precisa de um princípio formal que a constitui. Mas o espírito é natureza própria, não material e não pode ser reduzido ao espaço-tempo. Tem natureza própria, mas não por si mesma, e sim pelo poder divino criador de todas as coisas, visíveis e invisíveis. Esta é a verdade formal que o texto define.

2
A natureza da alma

3 – EV

Admito que a alma procede de Deus, e refletirei isso comigo, e se algo me ocorrer sobre o assunto, perguntarei novamente. Peço agora que me explique a natureza da alma (*qualis sit*).

AG

Parece-me semelhante a Deus, se está perguntando sobre a alma humana.

EV

Precisamente isso é que desejo entender: como pode a alma ser semelhante ao Ser divino, se Deus não foi criado por outro, e a alma humana, pelo contrário, é criatura de Deus?

AG

E então? Acha difícil para Deus fazer algo semelhante a Ele, quando nós, como é fácil comprovar, podemos fazer imagens nossas?

EV

Está bem, mas fazemos coisas mortais, e Deus fez a alma imortal. Ou pensa de outro modo?

AG

Queria que os homens pudessem fazer aquilo que faz o poder divino?

EV

Não digo isso. Mas, sendo Ele imortal, cria algo imortal e semelhante a Ele. E nós, criados por Deus com espírito imortal, deveríamos poder fazer algo semelhante a nós, isto é, imortal.

AG

Você teria razão apenas se pudesse, por exemplo, pintar em um quadro aquilo que considera imortal em sua natureza. E só conseguiria pintar a imagem do corpo, sem dúvida mortal.

EV

Então, como sou semelhante a Deus, quando não posso fazer como Ele uma coisa imortal?

AG

Do mesmo modo que a imagem ou representação do seu corpo não pode ser o mesmo que esse corpo, da mesma forma não é motivo de espanto que a alma não tenha poder de efetuar o mesmo que o Criador, a cuja imagem foi criada.

Nota explicativa ao capítulo 2

A distinção agostiniana logo ao início, "se é que fala da alma humana", está situando o assunto nos termos exatos, ou seja, o espírito, pois o princípio animante das plantas (vegetativo) e dos animais (sensitivo) não é espírito, adere à matéria, morre com ela. Dava-se o nome de *alma vegetativa, alma sensitiva* e *alma racional* – sendo essa a humana e de natureza espiritual. E como está acentuado depois, ainda sendo superior e imagem de Deus, é criatura e limitada. A imortalidade é um dom divino à alma humana, não é um poder da alma, pois semelhança não é igualdade. Este tema já tinha sido elaborado por Santo Agostinho em obra anterior, *De Ordine* 2,6,9.

3
Sobre a potência da alma

4 – EV

Considero suficiente o que foi dito sobre a natureza da alma. Explique sua potencialidade (*quanta sit*).

AG

Em que sentido fala em *quanta*? Na relação de dimensões e tamanho? Ou naquilo que é capaz por sua potencialidade? Pois falamos, por exemplo, do mito de Hércules, ora sobre sua estatura, ora sobre seu poder.

EV

Gostaria de saber as duas coisas.

AG

O primeiro aspecto não pode ser aplicado à alma. Não a podemos imaginar, no sentido dimensional, tamanho, largura, vigor físico, porque tudo isso é corpóreo, e só poderíamos falar da alma nestes termos como um tipo de comparação, relativamente aos corpos.

Por isso é recomendável, e com toda a razão, quando falamos em mistérios (na fé), desprezar o corpóreo, não nos atendo ao mundo visível, como o percebemos pelos sentidos. E assim devem fazer todos os que se reconhecem criados por Deus, à sua semelhança. Nem existe outro modo de salvação para a alma, ou sua melhoria e conciliação com seu Autor.

Não posso dizer o que é a alma com expressões materiais, e posso afirmar que não tem qualquer tipo de dimensão, não é longa ou larga, ou dotada de força física, e não tem coisa alguma que entre na composição dos corpos, como medida e tamanho. E, se lhe agrada, explico melhor.

EV

Certo que me agrada e ansiosamente espero a explicação do que vem a ser a alma, pois não quero supor que ela seja um nada, por não ter estas relações.

AG

Sendo mais conveniente, prefiro começar mostrando que existem coisas onde não encontramos tais relações materiais que você supõe devam existir na alma. Se lhe parece que alma poderia ser um nada, porque não apresenta dimensões do corpo, entenderá que justamente por isso ela deve ser tida em maior consideração, pois é superior às coisas materiais exatamente por isso, porque não é matéria. E, a seguir, estudaremos como entender que ela não tem nada de material.

EV

Empregue os argumentos de sua escolha, estou pronto a ouvir e aprender.

Nota explicativa ao capítulo 3

O método socrático leva o aluno a tirar suas próprias conclusões ou a fazer novas perguntas. Ao mesmo tempo o sistema agostiniano das oposições dos contrários vai endereçando o estudo para o rumo do convencimento racional.

Não há dualismo, não há oposição entre corpo e alma. Há uma primeira indicação de uma verdade *qualitativa*, a da superioridade do espírito, mesmo considerado (cf. capítulo 1) que o homem inteiro é corpo e alma.

Se recordarmos que Evódio, uma grande alma, e que mais tarde foi um dos bispos mais atuantes da África do Norte, ainda não tinha estudos superiores (que mais tarde faria com seu amigo e professor), entendemos o método lento e progressivo de Santo Agostinho, evitando respostas imediatas – que exigiriam depois longas explicações. Ele parte das explicações, para que o aluno defina mais tarde, orientado pelo ensinamento.

4
Ainda que não tenha dimensões materiais, a alma é algo real

5 – AG

Falou bem. Entretanto, quero fazer ainda algumas perguntas. Talvez você já saiba aquilo que vou indagar. Duvidaria dizer, sobre aquela árvore que ali observamos, que ela é algo real?

EV

E quem duvidaria disso?

AG

Hesitaria em afirmar também que a justiça é algo superior (*melliorem*) em relação a essa árvore?

EV

Isso é ridículo, nem há comparação.

AG

Você não está me levando a sério. Preste mais atenção na pergunta. É certo que uma árvore é menos significativa que a noção de justiça, por mais que ache ridículo a comparação. E admite que árvore é algo real. Diria que a justiça não é coisa real, mas um nada?

EV

Que louco diria isso?

AG

Inteiramente de acordo. E se lhe parece que árvore é algo real por ter extensão, altura, largura, volume, a seu modo próprio, admite que, se tirarmos tudo isso, a árvore parece não ser nada.

EV

É o que parece.

AG

E então? Admitiu que a justiça é algo real, e muito mais digna de estima que uma árvore. E a justiça parece ter aquelas medidas materiais?

EV

Não posso imaginar a noção de justiça como algo largo, ou comprido, ou coisa semelhante.

AG

Por conseguinte, se a justiça não tem as dimensões referidas, nem por isso dizemos que é nada. E a alma ainda parece não ser nada por não ter extensão material?

EV

Não posso até agora dizer que a alma não é nada, por não ter dimensões, como comprimento, largura ou volume. Mas você ainda não explicou como ela é. É possível que haja muita coisa digna de consideração e que não se limita materialmente. Não sei dizer se a alma pertence ao mesmo gênero destas coisas.

6 – AG

Eu sei que ainda resta esclarecer este assunto, e anteriormente prometi explicar a questão. Na verdade é questão em si muito sutil, e exige olhos mais capazes, os da mente, uma visão muito mais ampla do que a empregada nos olhos corporais, para as coisas de cada dia. Sugiro que, acompanhando a orientação que lhe dou, observe a direção do raciocínio. Não leve a mal que, por vezes, o caminho pareça um tanto cansativo, e se demoram a chegar as conclusões. E se isso decorre de um modo menos rápido que o seu desejo de resposta.

Pergunto inicialmente: Podemos supor a existência de algo corporal e que, de acordo com sua natureza, não tenha longitude, latitude e profundidade (*altitudinem*)?

EV

O que deseja significar com profundidade?

AG

Aquilo que nos permite imaginar as dimensões internas de um corpo, ou até perceber visualmente como em transparência. Porque, se retirarmos tal propriedade, não sabemos de sua existência. Quero a sua opinião sobre isso.

EV

Não há corpo sem as três dimensões.

AG

E então? É possível admitir que tais dimensões sejam encontradas em algo que não é corporal?

EV

Não sei como isso seria possível.

AG

Neste caso, para sua maneira de ver, a alma não seria algo diverso de um corpo?

EV

Se admitimos que o vento é corpo, não posso negar que a alma parece algo semelhante, e é assim que a imagino.

AG

Concedo que tanto é corpo o vento, como a água. O vento não é mais que o ar agitado, como é fácil de entender em lugar tranquilo e sem corrente de ar, quando com um simples abano para espantar insetos movimentamos o ar, percebendo o vento. Quando isto se dá pelo movimento dos céus ou da terra, no imenso espaço do mundo, chama-se vento em sentido próprio, com denominações várias segundo a direção de onde procede. Concorda com isso?

EV

Entendo o que deseja dizer. Mas não pretendo afirmar que a alma seja algo igual ao vento, mas semelhante.

AG

Antes explique se o vento, na sua opinião, tem longitude, latitude e profundidade. Depois veremos se alma é algo semelhante a isso. Então, falaremos de como ela é (*quanta sit*).

EV

Nada é mais fácil de demonstrar como a longitude, latitude e profundidade do vento, ou seja, do ar movimentado no espaço, precisamente como você falou.

Nota explicativa ao capítulo 4

Para a nomenclatura agostiniana – e filosófica –, corpo é sinônimo de matéria, tanto a matéria constituída (os corpos em geral) quanto os efeitos da matéria (luz, calor, energia etc.), e os corpos são verdadeiros enquanto obras da criação (*Solilóquios* 2,18,32). É própria da matéria a mutação (*Confissões* 12,6) e toda a matéria é sujeita à medida e dimensão (*De beata vita* 7); o corpo ou matéria é parte do mundo *sensível* (*De inmortalitate animae* 7,12).

Quando Evódio, em termos da linguagem do "homem comum", imagina uma semelhança possível com o vento, por exemplo, é por não entender ainda a noção do *imaterial*, como substância própria e não sujeita às relações de tempo e espaço (mesmo quando, no caso da alma, atua o corpo no tempo e no espaço). E o tema da não materialidade é fundamental para entender a natureza do espírito.

5
A infinita potência da alma

7 – AG

Falou bem e ainda assim pergunto: supõe você que sua alma está situada apenas em seu corpo?

EV

Assim penso.

AG

Está internamente como o líquido que enche o recipiente, ou externamente como um envoltório? Ou ainda, das duas maneiras?

EV

Penso que da maneira referida por último. Se não estivesse internamente, meus órgãos internos não teriam vida. Se não estivesse externamente, minha pele não poderia sentir uma picada em qualquer parte do corpo.

AG

Neste caso, para que deseja saber da quantidade da alma, se já admitiu ser tanta quanto permitem as partes do corpo?

EV

Se a razão me disser isto, já é suficiente.

AG

Faz bem em conceder que não se exija mais do que diz a razão. Entretanto, acha que o acima afirmado é razão suficiente?

EV

Sim, até que encontre outra. Em hora oportuna perguntarei ainda se a alma separada do corpo conserva esta mesma forma. Lembro que foi esta minha quinta pergunta. O que não quero deixar sem indagação é sobre o número de almas, uma vez que isso, a meu modo de ver, pertence à quantidade.

AG

Você não está inteiramente errado. Antes, porém, vamos definir bem o que é *quanta* (aplicado à alma). Pois é este o tema que agora nos preocupa. E também aprenderei com isso, se assim lhe agrada.

EV

Pergunte como preferir, pois esta sua fingida dúvida me deixou hesitante sobre o que eu pensava estar resolvido.

8 – AG

Explique, por favor: pensa que a palavra memória é um termo sem sentido (*nomen innane*)?

EV

E a quem pode parecer desta forma?

EV

A memória é potência da alma, ou do corpo?

EV

A dúvida seria ridícula. Ninguém pode crer ou entender que um corpo morto tenha memória.

AG

Lembra-se da cidade de Milão?

EV

Lembro bastante.

AG

E, agora que nos referimos a ela, recorda suas dimensões e sua topografia?

EV

Certamente lembro, e nada existe mais completo e recente que tal lembrança.

AG

Portanto, agora que não pode ver Milão com os olhos, pode ver com a alma?

EV

Assim é.

AG

Penso também que recorda a imensa distância entre nós, aqui em Roma, e a cidade de Milão?

EV

Certamente.

AG

Ora, estando a alma aqui onde está seu corpo, e não se estendendo para fora deste corpo, como já foi dito, como pode abranger todas estas coisas, a visão da cidade, e a distância entre dois lugares?

EV

Parece que a memória pode fazer isso sem estar naquelas partes.

AG

Logo, a memória conserva a imagem do lugar e do espaço?

EV

Penso que sim, porque agora eu não sei o que está acontecendo em Milão, e se minha alma pudesse chegar até lá eu não ignoraria coisa alguma.

AG

Parece-me correto o que você diz. Mas, tais imagens certamente são de coisas corporais.

EV

Certamente, cidades e espaços são coisas corpóreas.

9 – AG

Já se olhou num espelho pequeno, ou já viu seu rosto na pupila alheia?

EV

Muitas vezes.

AG

E sua imagem não parecia muito menor do que é seu rosto?

EV

Claro, queria que fosse maior que o espelho?

AG

É necessário, portanto, que as imagens dos corpos sejam pequenas, quando os corpos que as representam são também pequenos?

EV

É de todo necessário.

AG

Como explicar então que a alma, ligada ao pequeno espaço do corpo, é capaz de representar imagens imensas, muito maiores que o corpo, cidades, campos, distâncias, e tudo mais que deseje, por maiores que sejam os objetos? Quero que reflita mais amplamente, e por mais tempo, quantas coisas são contidas na memória, e ali podem ser conservadas, e que, por isso mesmo, situam-se na alma. Que imensa profundidade e amplitude, que imensidade de coisas pode estar contida na alma? Entretanto, como a razão nos mostra, a alma está ligada ao corpo, e é superior a ele.

EV

Já não sei o que dizer, nem consigo explicar o que tais noções produzem no meu entendimento.

Chego a rir de mim mesmo por ter suposto a alma com uma quantidade do tipo corpóreo.

AG

Então, já não parece que a alma é semelhante ao vento?

EV

De modo algum, pois o ar, cujo movimento chamamos vento, poderia encher apenas este espaço visível, enquanto a alma pode representar inúmeros espaços e um universo tão grande de coisas, que nem podemos imaginar um espaço capaz de conter tudo isso.

AG

Parece lógico admitir que ela deva ser considerada sem dimensões corpóreas, como já entendeu que deva ser?

EV

Concordaria plenamente com esta conclusão se me fosse possível entender como a alma, sem ter espaço algum, pode abranger inúmeras imagens de imensos espaços.

Nota explicativa ao capítulo 5

A memória, como potência mesma da alma, e potência racional no ser humano, capaz da eliminação de tempo e espaço, numa lembrança em que todos os espaços e todos os tempos podem ser contidos, juntos ou separados, provando inclusive a imaterialidade do espírito, é tema frequente na reflexão agostiniana. Basta recordar, ou reler o livro 10 de *Confissões* (uma síntese de psicologia racional jamais superada até hoje). Veja-se ainda, e como citações importantes do pensamento global agostianiano: *De anima et eitus origine* 4,7,9; *De Trinitate* 8,11,14; *De libero arbitrio* 2,19,51; *De Magistro*, cap. 12 n. 39. Neste livro, mais adiante, no capítulo 33, n. 72, ele faz a correlação do tema da memória com o terceiro grau de potência da alma.

6
Da longitude em si mesma

10 – AG

Poderemos responder à sua pergunta, se antes verificarmos três coisas: o que é longitude, latitude e profundidade. Tente imaginar uma longitude sem latitude alguma.

EV

Não consigo fazer isso. Se imagino, por exemplo, o fio da teia de aranha – e nada é mais fino que ele – parece ainda que ali existem o comprimento e alguma largura, seja qual for. Isso é inegável.

AG

Sua resposta não é de todo absurda. Entretanto, ao perceber três dimensões possíveis no fio da aranha, você pode entender que existem, e sabe qual a diferença entre cada uma e as outras.

EV

E como não entenderia isso? Sem ver eu não poderia imaginar que se encontram no fio.

AG

E foi com a inteligência que você viu, e poderá também, afastada a visão externa, imaginar somente a noção de comprimento, e sem ter necessidade de olhar determinado corpo, uma vez que no corpo tais dimensões jamais faltariam. O que você imagina como noção inteligente é incorpóreo, e é a noção de incorpóreo que eu desejo que você entenda. A noção pura e simples de longitude só pode ser percebida pelo inteligível, e não pela visão dos corpos.

EV

Já compreendo.

AG

Esta longitude em si, percebida no entendimento, não pode ser dividida mentalmente no sentido da largura, ou haveria latitude.

EV

Isso é claro.

AG

Se está de acordo, chamemos tal longitude pura e simples com o nome de *linha*. É assim que os entendidos a denominam.

EV

Chame como quiser, não discuto nomes quando a ideia é evidente.

11 – AG

Está bem, aprovo e até recomendo que tenha mais em conta o sentido das palavras que estas mesmas palavras ou nomes. E esta linha, cuja noção você mostra ter entendido, pode ser prolongada para diante ou para trás até o infinito. Também entende isso?

EV

Perfeitamente.

AG

Entende também que só poderemos representar uma figura com o prolongamento da linha?

EV

Explique o que entende como figura.

AG

Chamo figura aquele espaço fechado por uma só linha, como o círculo, ou por quatro linhas como o quadrado.

EV

Isso eu entendo. Gostaria de entender também, e mais diretamente, onde isso vai parar, ou o que tem isso a ver com a noção de alma.

Nota explicativa ao capítulo 6

O aproveitamento de dimensões e de figuras geométricas, para ilustrar por analogia um argumento metafísico, no caso a imaterialidade da alma, é também uma constante na obra agostiniana. E começa em duas obras anteriores: Os *Solilóquios* 1,4,9 e o *De Ordine* 2,15,42 (com referência ao inteligível e à analogia por comparação de semelhanças e dessemelhanças). E como ele definiu neste capítulo, é também um grau de abstração intelectual. Isto sublinha, em todo o livro agora traduzido, o tema central da reflexão: a natureza do espírito humano racional.

7
Argumento de autoridade e argumento de razão

12 – AG

Desde o princípio, pedi e aconselhei que você tivesse paciência com este meu processo de raciocínio (*circuitum nostrum*), e insisto em fazer assim. Não é coisa sem importância o que buscamos entender. E não é de fácil entendimento. E desejamos obter um conhecimento o mais completo possível.

Ora, uma coisa é acreditar segundo o argumento de autoridade, outra coisa é o argumento de razão. Aceitar a autoridade alheia é grandemente tranquilo, e não dá trabalho. Se lhe agrada esse meio de estudo, poderá ler o que grandes e inspirados homens disseram comentando o assunto. E o fizeram por entender útil e necessário para os que sabem pouco, considerando que a salvação podia parecer difícil para os que possuem inteligência mais rude e menos capaz. Porque estes de mente menos capaz, se tentarem alcançar a verdade com suas próprias inteligências, seriam facilmente enganados por argumentos falsos, caindo assim em doutrinas perigosas e erradas, e dificilmente conseguiriam sair do erro. A estes é utilíssimo que se atenham à autoridade dos homens sábios e agindo de acordo com os ensinamentos. Se você acha mais seguro esse argumento de autoridade, não me oponho, e até o aprovo muito.

Mas, se quer manter o desejo antes afirmado, de entender a verdade pelo argumento da razão, e assim chegar a se convencer, deverá tolerar pacientemente toda a sequência demorada que leva a um raciocínio correto e capaz de chegar à verdade de um modo especificamente racional, ou seja, a razão verdadeira. Não apenas verdadeira, mas certa, e livre de toda a aparência de falsidade. Se é que um homem que não deseja a inverdade ou a falsidade pode chegar ali por outro modo diferente.

EV

Já não quero respostas imediatas. Que atue a razão e me dirija por onde queira, desde que me conduza ao fim proposto.

Nota explicativa ao capítulo 7

É de fina educação, mas é uma censura em termos. Também é uma prova de amizade, e poucos até hoje souberam viver cristãmente o sentimento da verdadeira amizade como Agostinho de Hipona. Está interessado no bem do outro, em fazer que estude e aprenda melhor, como está dando uma palavra de orientação: o estudo exige serenidade, constância e continuidade, pois é um meio. O fim a atingir é a verdade.

8
As figuras geométricas
Figura com três linhas

13 – AG

Deus, a quem somente devemos pedir o entendimento, principalmente da alma, fará isso que você pediu. Voltemos, porém, ao que antes estava sendo proposto. Sabendo o que é linha e o que é figura, responda, por favor: podemos ou não traçar uma figura se nos limitarmos a estender uma linha, em um e outro sentido e até o infinito?

EV

Isso é impossível.

AG

E como faremos para construir a figura?

EV

Que a linha não seja infinita. Pois não se pode fazer de outro modo, com uma só linha, a não ser quando ela segue de modo circular, tocando uma parte na outra. E não vejo como se pode fazer uma figura de uma só linha de modo a conter um espaço, a não ser assim. De outro modo não seria figura.

AG

Se quisermos fazer uma figura com linha reta, pode ser feita com uma só linha?

EV

De nenhum modo.

AG

E com duas linhas?

EV

Também não.

AG

E com três?

EV

Já parece possível.

AG

Portanto, sabe e confirma que para formar uma figura com linhas retas precisamos ao menos três. Se lhe apresentam uma razão em contrário a isso, mudaria de opinião?

EV

Se pudessem provar que isso é falso, eu já não acreditaria em mais nada.

AG

E como traçamos uma figura com três linhas?

EV

Unindo pelos extremos as referidas linhas.

AG

E como parece, ali onde se unem, formam um ângulo?

EV

É isso mesmo.

AG

De quantos ângulos se compõe esta figura?

EV

Tantos ângulos quanto linhas?

AG

São linhas iguais ou desiguais?

EV

Iguais.

AG

Finalmente, os ângulos são iguais, ou há um mais fechado ou mais aberto que o outro?

EV

Percebo que são todos iguais.

AG

Pode acontecer que numa figura com três linhas retas e iguais existam ângulos desiguais?

EV

Certamente não.

AG

E se a figura constasse de três linhas retas, mas desiguais, seriam iguais os ângulos, em seu modo de ver?

EV

Isto é absolutamente impossível.

AG

Está bem, mas quero saber ainda: que figura lhe parece mais perfeita, ou melhor, a de linhas iguais, ou a de linhas desiguais?

EV

Alguém duvida que a mais perfeita é a composta com igualdade?

Nota explicativa ao capítulo 8

Já foi lembrado na introdução ao livro que o método agostiniano é lento e progressivo. Parte sempre de pressupostos assentados, para desenvolver conclusões encadeadas e sucessivas. Esta geometria de certo modo simples envolve algo muito complexo, nas analogias sugeridas. Como neste processo de signos materiais – dimensões e figuras – introduzindo conceitos inteligíveis por analogia dos termos. "Nada é ensinado sem os signos ou sinais de identificação, e devemos cuidar muito mais do entendimento dos significados que dos signos em si mesmos. E isso, por mais que aprendamos usando os signos" (*De Magistro* 10,31). Tal processo é usado nos sons e na medição dos ritmos no *De Musica*, principalmente livro 6, como na demonstração do inteligível – através das figuras percebidas sensivelmente, em *Solilóquios* 1,4,9. Pois os sentidos são instrumentos da razão (*De Ordine* 2,11,32).

9
Comparação entre as figuras

14 – AG

Prefere a igualdade à desigualdade?

EV

Não sei se alguém prefere diferente.

AG

E, numa figura formada por três ângulos iguais, o que se opõe a cada ângulo?

EV

Um dos lados da figura.

AG

Se traçarmos a figura de tal modo que um ângulo se oponha a outro e uma linha a outra linha, não parece haver maior igualdade?

EV

Certamente, mas não entendo como isso possa acontecer numa figura composta com três linhas.

AG

E com quatro, é possível?

EV

Pode, com plena certeza.

AG

Logo, é mais perfeita a figura composta de quatro linhas retas e iguais, que de três apenas?

EV

Sem dúvida alguma ali se mostra melhor a igualdade.

AG

E você acredita que podemos traçar uma figura com quatro linhas retas iguais, sem que sejam iguais todos os ângulos?

EV

É possível, certamente.

AG

Possível de que modo?

EV

Fazendo que dois ângulos sejam mais fechados, e dois mais abertos, é claro.

AG

Percebe que os dois ângulos agudos e os dois obtusos estão opostos em sentido diagonal?

EV

Vejo claramente.

AG

E podemos observar ainda que ali se encontra a igualdade em certo modo possível. Pois não se pode traçar uma figura de quatro lados iguais – e neste último caso – sem que os ângulos se oponham dois a dois, o igual com seu igual, opondo-se mutuamente.

EV

Entendo e admito amplamente.

15 – AG

E isso não lhe chama a atenção para uma certa justiça tão evidente?

EV

Justiça em que sentido?

AG

Segundo penso, chamamos justiça apenas ao que significa igualdade, e esta última palavra vem de *igual*. Ora, em que consiste a igualdade na virtude da justiça senão em que ela significa: dar a cada um o que é seu? E não podemos dar algo a cada um se não houver distinção (= se não podemos distinguir um e outro). Pensa diferente?

EV

Está claro e concordo inteiramente.

AG

Poderia haver distinção onde todas as coisas são de tal modo iguais que uma não se distingue da outra?

EV

De modo algum.

AG

Logo, e por assim dizer, não se pode observar a justiça quando as coisas a que ela se aplicam não tenham certa desigualdade ou dessemelhança.

EV

Estou entendendo.

AG

Admitindo que as figuras referidas, a de três e a de quatro lados, são diferentes entre si, não parece que aquela onde não se dá a igualdade dos contrários (o triângulo equilátero em relação aos lados) tenha a perfeita igualdade dos ângulos? E, ao contrário, onde há uma harmonia dos contrários (lados e ângulos opostos uns aos outros), possa haver certa desigualdade ocasional referente aos ângulos?

Quis perguntar tal coisa porque isso sempre me interessou, e gostaria de saber se lhe agrada também esta verdade, equidade e ainda a igualdade.

EV

Entendo o que deseja significar.

AG

Agora que já preferiu a igualdade à desigualdade, e não há homem de bom-senso que pense de outro modo, creio eu, procuremos a figura onde melhor brilhe a igualdade e que deva ser preferida a todas as outras.

EV

Agrada-me saber qual seja.

Nota explicativa ao capítulo 9

A *antítese*, o jogo de oposições, ou de contrários, como esse de igualdade e desigualdade, semelhança e dessemelhança, é um dos recursos mais frequentes na dialética agostiniana. Faz parte da retórica (*De ordine* 2,13,38), e ele faz uma reflexão de um capítulo inteiro sobre a antítese, inclusive no universo criado, em seu livro *A Cidade de Deus* 11,18. A ideia de uma justiça ordenadora é o centro mesmo da chamada doutrina *providencialista* agostiniana, onde ele comenta a perfeição da infinita sabedoria, que tudo rege e ordena inclusive na diferença entre as criaturas, maiores e menores, superiores e inferiores, observando que, sem o contraste capaz de trazer distinções, tal ordenação perfeita seria menos visível ou patente. Da mesma forma, usa inteligivelmente esta noção de justiça ordenadora também para as figuras e seus sinais distintivos. Veja-se a já citada passagem de *Solilóquios* 1,4,9 e *De Ordine* livro 1, caps. 6 e 7.

10
A máxima igualdade nas figuras

16 – AG

Diga antes: das figuras a que nos referimos até agora, parece sobressair mais a que consta de quatro linhas iguais e quatro ângulos também iguais. E ali observamos igualdade perfeita entre as linhas e entre os ângulos. Não se dá o mesmo na que é formada por três linhas. E no quadrado um lado se opõe a outro, um ângulo está em oposição ao outro.

EV

Isso é verdade.

AG

Parece que neste quadrado existe a máxima igualdade? Ou podemos pensar de outro modo? Se é certo que tem maior igualdade, não precisamos buscar outra figura. E se não tem esta igualdade plena, gostaria que demonstrasse o fato.

EV

Parece que há plena igualdade, pois, onde lados e linhas são iguais, eu não sei onde encontrar desigualdade.

AG

Sou de opinião diferente. Uma linha reta apresenta perfeita igualdade até que chegue ao ângulo. Quando se une pelo ângulo a uma outra linha, não parece que já se introduziu a desigualdade? Ou você pensa que a parte da figura fechada por uma linha reta corresponde em semelhança e igualdade com a parte que forma o ângulo?

EV

Certamente não. Envergonho-me da temeridade. Pensava apenas na igualdade dos lados entre si, e dos ângulos igualmente. Quem não vê que são diferentes?

AG

Perceba agora uma outra prova de desigualdade: sabemos que tanto o triângulo como o quadrado possuem um ponto central.

EV

Isso entendo perfeitamente.

AG

Se deste ponto central traçarmos linhas para todas as partes da figura, lados e ângulos, elas seriam iguais ou desiguais?

EV

De todo desiguais, pois as que se dirigem aos ângulos são maiores.

AG

Quantas linhas se dirigem aos ângulos no quadrado e quantas no triângulo?

EV

Quatro no primeiro caso, e três no segundo caso.

AG

Quais as linhas menores, e quantas são?

EV

As linhas menores são tantas quantas as que se dirigem ao lado, nas duas figuras.

AG

Tem toda a razão. E não precisamos prosseguir no tema. Há, como se pode ver, uma grande igualdade nas figuras, e, entretanto, não é de todo perfeita.

EV

Entendo bem e desejo ansiosamente conhecer a figura perfeita.

Nota explicativa ao capítulo 10

Introduz-se agora uma conclusão aos pressupostos: Ainda na maior igualdade – vista sob algum aspecto – pode haver desigualdade, se vista em outro ponto de observação. Isso é próprio da corporeidade. Ainda assim, nesta conotação material encontram-se beleza e harmonia. O pensamento agostiniano já se detivera nesta meditação – e em termos de uma metafísica superior – no livro *De Ordine* 2,11,33-34, como no *De Musica*, livro 6, cap. 17. A aplicação disto ao sentido e conceito do *imaterial* (substância simples e sem partes ou divisões), e por oposição de referências, virá nos capítulos seguintes.

11
A preeminência nas figuras

17 – AG

Quanto à figura mais excelente, não duvidará que seja aquela cujo perímetro está distante do centro de tal maneira que qualquer ponto da superfície dista igualmente do centro, sem ângulos que impeçam a igualdade, e de cujo centro podemos traçar linhas iguais para qualquer ponto dos limites da figura.

EV

Penso ter compreendido que você fala do círculo, figura que construímos por uma linha curva prolongando-se para um lado até tocar o extremo oposto.

AG

Entendeu bem. Agora, diga se, no seu modo de ver, podemos construir uma figura sem o sentido da largura, principalmente quando dissemos que a linha se estende indefinidamente, sem noção de latitude, sendo impossível sua divisão no sentido da largura.

EV

Isso não é possível.

AG

E a latitude, considerada em si como latitude, pode existir sem longitude?

EV

Não pode.

AG

Se não estou enganado, a latitude ou largura pode ser dividida por qualquer parte, e a linha não pode ser dividida pela largura.

EV

Evidentemente.

AG

Acha que deve ser considerado mais perfeito o que pode ser dividido ou o indivisível?

EV

O indivisível, sem a menor dúvida.

AG

Portanto, prefere a linha à largura. Pois, se devemos preferir o indivisível ao que pode ser dividido, também devemos dar preeminência ao que pode ser dividido menor número de vezes. Ora, a latitude divide-se de muitos modos, a longitude, porém, só em sentido transversal. Portanto, é superior à latitude. Ou tem opinião diferente?

EV

A razão me obriga a admitir que você está certo.

18 – AG

Se lhe agrada, indaguemos agora se existe alguma coisa nesta ordem das figuras representadas que não possa dividir-se de modo algum. E seria muito superior à linha, uma vez que ela pode ser dividida muitas vezes no sentido transversal. E assim mostro, para que você resolva:

EV

Para mim, o indivisível é o ponto central da figura e de onde partem linhas para todos os extremos. Porque, se fosse divisível, não poderia dispensar o comprimento e também a largura. Se tiver apenas longitude, já não será o ponto de onde partem as linhas, mas a mesma linha. E se tem largura, necessita por isso mesmo de um centro de onde sejam traçadas linhas para os extremos da figura. E a razão nega uma e outra coisa. Portanto, indivisível é o ponto central.

AG

Falou corretamente. Mas não lhe parece que o ponto pode ser considerado ainda como a origem da linha, ou o que indica a mesma origem, sem representar o centro de uma figura? E chamo princípio da linha aquilo que inicia a longitude e deve ser imaginado sem longitude alguma. Porque, se o imaginamos com longitude, já não entendemos onde ela tem um início, como longitude.

EV

Assim é.

AG

Pois isto que você mostra ter entendido é o mais importante de tudo o que devemos demonstrar. O que não padece divisão alguma e se chama ponto, quando ocupa o centro da figura. E se for princípio da linha é sinal indicador (signo) da linha, ou de várias linhas, e também indica o fim da linha, recebendo o nome de signo. Logo, o signo é um sinal sem partes distintivas, e o ponto é um sinal que se coloca no centro de uma figura. Todo ponto é também um signo, mas nem todo signo é ponto. E devemos logo nos colocar de acordo em relação a estas denominações (*des his nominibus*), para evitar muita divagação explicativa. Ainda que seja costume chamar de ponto apenas o centro do círculo ou da esfera, e não o de qualquer figura, não nos importa aqui esta questão de palavras.

EV

De acordo.

Nota explicativa ao capítulo 11

A definição de *signo*, ou sinal identificador, já iniciada no *De Musica*, como natural e convencionado (*De Musica* 6,13,41), prosseguiu no *De inmortalitate animae*, recebe uma formulação definitiva em obra posterior: "Os signos podem ser naturais, ou convencionais – criados pelo homem. Os naturais são os que, por eles mesmos, fazem com que se conheça algo por eles indicado, assim como a fumaça, que é sinal de fogo. A este tipo pertencem, por exemplo, as pegadas indicadoras da passagem de um animal, como a expressão do rosto, indicando alegria ou tristeza. Os signos *convencionados*, porém, são criados pela inteligência humana, para manifestar enquanto possível ideias e pensamentos, como também sensações. Destes tratamos agora" (*De doctrina christiana* 2,2. 2-3). Em seu livro *De Magistro*, cap. 10, ele vai trazer novos enfoques aos signos do *conhecimento interior*.

12
Importância do ponto

19 – AG

Certamente você considera como é significativa a ideia do ponto. Por ele tem começo a linha, por ele termina, e não podemos traçar uma figura com linhas retas e se o ângulo não se fecha com o ponto. E onde quer que se deseje cortar a linha, é num ponto que isso pode ser feito. E ele mesmo não admite divisão alguma. Linha alguma se une a uma outra sem um ponto de referência. Finalmente, em todas as figuras de geometria plana (sem falar de volume), mostra a razão que deve ser preferido o círculo, por sua mais perfeita igualdade. E qual a razão da igualdade, senão o ponto central? E muito mais poderia ser dito sobre o assunto, mas encerro aqui. Desejo que você pense bastante sobre isso.

EV

Seja como você diz. Não me envergonharei de perguntar novamente, se encontrar algo mais obscuro. Porque, no meu modo de entender, vejo muito imperfeitamente (*mediocriter*) a importância de tal signo.

20 – AG

Se já entendeu o que é signo, longitude e latitude, considere agora o seguinte: qual destas noções necessita de uma outra para existir, e exatamente de que necessita.

EV

Largura necessita de comprimento, nem pode ser concebida sem isso. Fácil ver que o comprimento não precisa da largura para ser concebido, mas não poderia existir sem o signo. Fica demonstrado que o signo basta a si mesmo, sem precisar dos demais citados.

AG

É assim mesmo. Reflito, porém, com especial atenção: a largura pode realmente ser dividida em qualquer parte (ao longo e ao largo), ou tem algo que não pode ser dividido, ainda que permita mais divisões que a longitude?

EV

Ignoro por onde não possa ser dividida.

AG

Penso que você se esqueceu de uma coisa que certamente já sabe, e vou recordar: Está figurando a largura sem qualquer ideia de profundidade, não é mesmo?

EV

Exatamente.

AG

Acrescente-se agora a profundidade no conceito de largura. Terá surgido assim algo que não possa dividir-se, segundo o qual a largura não seria divisível por todas as partes?

EV

É realmente admirável o que me sugeriu agora. Pois entendo que a latitude pode ser dividida pelos extremos e pelos lados, sem que haja alguma parte não divisível. Entretanto, não poderia ser dividida no sentido daquilo que produz a altura, nas bases que a constituem.

21 – AG

De vez que já conceituou, como suponho, longitude, latitude e profundidade, responda: Podem faltar as duas primeiras, se imaginarmos apenas a altura?

EV

Não pode existir altura sem longitude, mas pode sem latitude.

AG

Agora, volte ao conceito de largura, e tente imaginá-la como se a pudéssemos colocar de pé, sobre um dos lados. Como se pudéssemos fazer passar pela finíssima fresta de uma porta fechada. Consegue pensar tal coisa?

EV

Entendo muito bem o que você quer dizer. Não entendo o que deseja com isso.

AG

Quero que me diga se a largura, colocada desta forma, não parece ter se transformado em altura, perdendo assim o nome e o conceito de largura. Ou se continuaria sendo largura.

EV

Penso que a convertemos em altura.

AG

Lembra como conceituamos a altura?

EV

Perfeitamente. E lamento ter respondido apressadamente. Colocada nesta posição imaginada, a latitude já não permite divisão de cima abaixo no sentido lateral ou de largura. Nem se poderia falar, neste caso, de uma extensão interna divisível, ainda que haja extremos, princípio e fim, e haja meio, no comprimento. E altura não poderia ser imaginada sem extensão interna.

AG

Era isso que desejava lembrar. Agora diga: prefere o verdadeiro ao falso?

EV

Nem haja dúvida.

AG

Então responda: é verdadeira a linha que admite divisão no sentido da largura? É verdadeiro um signo que pode ser de algum modo dividido? É verdadeira a latitude que, colocada lateralmente de pé, como figuramos há pouco, admite divisão ao largo de cima abaixo?

EV

Nada disso é verdadeiro.

Nota explicativa ao capítulo 12

Encerra-se aqui a progressiva série de abstrações da realidade material, até à última, a abstração em si, o ponto. E a alma, capaz de ver e entender isso, não é da natureza do que entende, ou seja, não é matéria. Entretanto, e a conclusão é esta, a alma não é um conceito abstrato, é realidade em si, substância própria, capaz de fazer abstrações intelectuais: Abrange no entendimento a dimensão, sem limitar-se dimensionalmente. Capaz de apreender todos os tempos, sem estar no tempo, e por mais que atue o corpo no tempo. É com sua potência mais pura, o pensamento, que a alma entende e percebe o tempo e o espaço (*De inmortalitate animae* 4,6). Encerra-se uma parte probatória, vai ser iniciada uma outra, aplicando conclusões sobre a potencialidade do espírito.

13
A alma incorpórea vê o incorpóreo
O que é a alma?

22 – AG

Alguma vez conseguiu ver com os olhos do corpo a noção de ponto, linha ou de latitude?

EV

Nunca, pois não é coisa corpórea.

AG

Logo, o corpóreo, por singular semelhança natural, é visto com os olhos. E a alma, pela qual vemos o incorpóreo e entendemos seu conceito, é preciso não seja corpo, nem algo corpóreo. Ou pensa de outra maneira?

EV

Está bem, admito que a alma não é corpo nem coisa corporal. Diga, finalmente, o que ela é?

AG

Primeiro vamos considerar que a alma está feita de tal modo a não necessitar de quantidade alguma, do tipo que antes consideramos. E me admiro muito que não saiba o que é a alma, ou tenha esquecido, pois já o demonstramos antes. Lembre-se: perguntou primeiro sobre a origem da alma. O que interpretei de duas maneiras – se provinha de algum lugar, ou se vinha dos quatro elementos, ou de algum outro, ou de tudo isso a um tempo, ou somente algum. E sobre isso dissemos que não convém indagar da origem da alma, como a da terra e dos elementos. A alma, criada por Deus, tem substância própria que não é a de nenhum dos quatro elementos. A não ser que se possa imaginar ter Deus concedido à terra não ser mais que terra, e não desse à alma não ser mais que alma. E se quer uma definição da alma, e saber o que ela é, respondo facilmente: É substância dotada de razão, apta a reger um corpo (*substantia quaedam rationis particeps, regendo corpori acommodata*).

Nota explicativa ao capítulo 13

Esta é a definição tornada clássica e repetida em todos os trabalhos e estudos de doutrina agostiniana. Aparentemente simples, ela é muito densa em significados.

É *substância*, ou seja, contida em si mesma com realidade própria. Dotada de razão. E é da essência mesma do espírito ser racional, isto é, conhecer (*intelligere*), manter o conhecimento inteligente, na memória, principalmente a intelectual (*scire*), ser capaz de determinação racional e consciente, no ato de preferência ou vontade (*voluntas ut ratio*). E apta (acomodada, destinada) a reger um corpo, e corpo humano. Entenda-se o conteúdo deste *reger o corpo*. Nem ela o rege como "acidental" a ele (Platão), nem como "aderente" a ele (Aristóteles). Rege como princípio formal e causal, faz que seja um corpo e o constitui como corpo organizado (*De inmortalitate animae* 15,24; *Sobre a Trindade* 3,3.8; *Genesi ad litteram* 7,27,38); e é princípio de todas as operações da natureza humana (*De anima et eius origine* 4,6,7). E neste livro agora traduzido ele sublinhará, muito "escolasticamente", que a alma é forma única do corpo, no capítulo 33.

14
Potencialidade da alma imaterial

23 – AG

Vejamos agora o motivo de sua dúvida: Se a alma tem quantidade, ou se, para usar a expressão, localiza-se de algum modo no espaço do corpo.

Certamente ela não é corpórea, ou não podia ver e entender o incorpóreo, como já demonstrado. Nem se limita no espaço como os corpos. Por isso, não podemos admitir de modo correto, nem imaginar ou supor uma alma quantitativa, seja na localização, seja na corporeidade.

Se ainda quer saber como a alma pode conter na memória os espaços dos céus, da terra e dos mares, direi que isso é potência admirável a ser entendida com a inteligência, como já foi dito.

A razão nos demonstra que não há corpo algum sem longitude, latitude e altura, e nenhuma de tais noções é suficiente se faltam as outras duas. A alma, porém, com certa visão interior, da inteligência, pode perceber até a simples linha.

Não sendo corpo, a alma é superior a ele, somos obrigados a reconhecer. Isto concedido, não hesitamos em dizer que é superior à noção de linha. Seria ridículo afirmar que o corpo precisa das três dimensões, para ser o que é, e a alma, superior às referidas dimensões, não é superior ao corpo.

Já definimos a linha como superior às demais dimensões, por ser menos divisível. E as outras são mais divisíveis porque ocupam maior extensão. A linha não ocupa mais que a longitude, retirada a qual não sobraria nada. Portanto, o que é superior à linha não pode ter extensão.

Inútil cansar a cabeça procurando quantidade na alma, pois isto não pode existir. E já a consideramos superior à linha. E, se das figuras planas a melhor de todas é o círculo, ensina a razão que ali nada é superior nem melhor que o ponto central, pois ele, sem dúvida, é indivisível.

Nem deve parecer estranho que a alma, não sendo corpo, nem extensa por uma longitude, ou dilatada na latitude, ou sustentada pela altitude, tenha tanto poder sobre o corpo. E o tenha a ponto de mover todos os membros e órgãos do corpo, como um eixo-motor (*cardo*), determinando todas as ações corporais.

24 – Uma vez que a pupila, ou centro do olho, é como um ponto central do órgão, ela possui tamanha potência que nos permite ver, de um lugar elevado, a abóbada celeste, espaço incomensurável. Não é menos lógico que a alma, sem precisar de medida ou extensão material, como das três dimensões referidas, possa figurar mentalmente qualquer extensão corpórea.

A poucos é concedido que a alma veja a si mesma (nesta vida atual), mas ela pode fazer isso com a inteligência.

Somente à inteligência é concedido perceber que nada existe maior e superior às coisas. E superior às coisas que existem com uma certa *inchação*; pois não é absurdo chamar de inchação à extensão do corpo (*tumor*), ou alargamento. Se isto fosse o melhor de nós, os elefantes seriam mais sábios que os homens. E se algum parente destes animais disser que os elefantes são sábios – já me admirei vendo que alguns homens têm dúvidas a respeito –, concordará certamente que a operosa abelha mostra saber mais que um asno, e comparar os tamanhos destes animais é uma asneira.

Voltemos ao tema do olho. Todo mundo sabe que o olho da águia é muito menor que o humano. Entretanto, voando a uma altura em que mal a podemos perceber em pleno dia, consegue descobrir com o olhar até a pequena lebre escondida nos arbustos, ou um peixe sob as ondas.

Ora, se para os sentidos corporais o tamanho do órgão não tem maior influência, principalmente na visão, diga: Podemos duvidar que a alma, cuja nobre visão é a própria racionalidade – e isso é a alma como tal –, não nos obriga a admitir que é livre de qualquer dimensão que a torne limitada no espaço? Acredite, coisas muito elevadas devem ser meditadas sobre a alma, sem que para isso a tenhamos que imaginar em sentido dimensional.

Isso é atingido pelos que, dedicados a estudar ou refletir, e suficientemente instruídos, não se dirigem pelo desejo de vanglória, e sim impulsionados e inflamados no divino amor pela verdade.

Também pode ser atingido por aqueles que, menos instruídos, desejam pensar nestas coisas, e aceitam pacientemente o ensino dos bons, procurando, até onde possível nesta vida, fugir do apego ao corporal.

É impossível que a Providência divina deixe de conceder os meios suficientes às almas que piedosamente, guardada a pureza da intenção, buscam a si mesmas e a Deus, isto é, procuram a verdade.

Nota explicativa ao capítulo 14

Há uma aplicação dos signos inteligíveis, ou convencionados, e por *indução* (do efeito para a causa), como no caso do olhar da águia: na ordem natural, a verdade do ser, e, no caso de uma vida sensitiva, induzimos a potência do princípio vital que faz ver ao olho. Como, no caso da alma humana, esta racional, a própria capacidade de criar os sinais de identificação indica a potencialidade do espírito dotado de inteligência. Este capítulo é uma espécie de síntese de tudo o que foi dito nos capítulos anteriores.

O desejo da verdade – *spes inveniendae veritatis* –, tema constante em Santo Agostinho, reveste aqui a procura da *verdade do ser*, enquanto alma racional, capaz de entender, guardar conhecimentos e se determinar na livre opção. Cf. *De Trinitate* 8,9.13.

15
A alma cresce com a idade?

25 – AG

Se está de acordo, e não tem outra pergunta, passemos a outra reflexão. Já falamos bastante das figuras geométricas, talvez mais longamente do que você desejava. Verá mais adiante o proveito disso, em outros enfoques. Considero válido esse tipo de raciocínio em nossa investigação. Ele exercita o espírito para entender coisas mais transcendentes. Também faz com que a mente não seja ofuscada por esta luz interior, e não caia nas trevas da ignorância de onde desejou sair.

E traz argumentos que, segundo penso, estão absolutamente certos. E seria vergonhoso para o homem duvidar do argumento de razão, quando lhe foi concedida a potência racional. Duvidaria menos de tais argumentos que das coisas vistas com os olhos do corpo, órgãos que, frequentemente, vivem em luta com os humores que produzem.

Alguns animais enxergam muito melhor que nós pela visão natural, e nos dizemos superiores aos animais pelo uso da razão, e, sendo assim, seria intolerável dizer que, nesta superioridade, a visão da inteligência não é nada.

Afirmar que a visão da mente é o mesmo que a visão dos olhos é uma coisa indigna de se afirmar.

Aceito e concordo. Entretanto, há perguntas que me vieram ao pensamento e não sei como responder. Se é claro e definido que a alma não tem medida ou extensão, e se o corpo cresce com a idade, a alma não cresce também? Ninguém desconhece que as crianças muito pequenas nem podem ser comparadas em sagacidade a certos animais. E se as crianças crescem corporalmente com a idade, duvidaremos do crescimento da razão?

Além disso, se a alma atinge todo o corpo, como não teria quantidade de algum modo? E se não se estende pelo corpo, como sente em qualquer parte tocada deste mesmo corpo?

AG

Está fazendo uma pergunta que já me ocorreu antes, por isso estou preparado para responder, como respondi à minha própria indagação. Aplicando a racionalidade, você também responderá. Entretanto, sejam como forem meus argumentos, é o que tenho para dar, desde que a ajuda divina não me conceda algo melhor.

Vamos seguir nosso método: que você responda ao que irei perguntando, dirigido por sua mesma racionalidade.

Inicialmente, verifiquemos se é mesmo certo e provado que a alma cresce com o desenvolvimento do corpo. Ou se o ser humano torna-se progressivamente mais adaptado para as atividades normais da vida humana segundo a idade, ou mais capacitado a exercer tais funções.

EV

Use o seu método preferido. Aprovo inteiramente tal sistema de ensino e aprendizagem. Quando respondo ao que antes ignorava, sendo perguntado, e sem entender do assunto, a resposta a que sou levado mostra o assunto de modo mais claro – e nem sei como – inclusive na impressão agradável que me causa.

Nota explicativa ao capítulo 15

Prossegue a dialética agostiniano-socrática, das perguntas que formam sequência, como círculos concêntricos, sempre relacionadas com o tema central, em muitas possibilidades de enfoques; um método longo, minucioso e progressivo, que ele chama de *circuitum nostrum* (o nosso circuito) e *more nostro* (de acordo com nosso método). Agora, por exemplo, vamos ter este circuito desenvolvido em muitas voltas até o capítulo 19. Depois veremos isso, em forma de uma disputa, um torneio retórico, do capítulo 23 até o 29. Era o sistema de Agostinho, e do seu tempo. Parece um tanto complexo para nossa época, mas era assim que ele ensinava e assim que deve ser entendido. Não esqueça o leitor das duas indagações de Evódio: se a alma cresce junto com o corpo, e se pode sentir no corpo inteiro sem estar contida no corpo. No *circuito* agostiniano, estas duas perguntas vão se desdobrar em muitos pontos de referência – pressupostos induzidos –; e em muitas conclusões parciais – respostas deduzidas. Estas duas perguntas formam *signos*, ou pontos centrais do enfoque, no imenso e grande circuito da natureza da alma, que é objeto final da reflexão. Como ele disse no *Contra Acadêmicos*: a dúvida, obrigando à indagação, já é princípio de conhecimento provocado. Se duvido, ainda não sei. Se não pergunto, como vou saber?

16
A alma apresenta certo progresso até sem desenvolvimento do corpo

27 – AG

Diga-me: maior e melhor são coisas diversas, ou a mesma coisa com nomes diferentes?

EV

Sei apenas que uma coisa é maior, outra é a noção de melhor.

AG

Qual destas duas noções se refere à quantidade?

EV

A de maior.

AG

Dizendo que redondo é melhor do que quadrado, isto se deve à quantidade, ou a outra coisa?

EV

Jamais à quantidade. A causa é a igualdade, como antes demonstrado.

AG

Agora consideremos o seguinte: a virtude, que definimos como a vida em tudo concorde com a razão corretamente empregada, é uma certa igualdade aplicada à noção de existência[1].

E por isso, em minha opinião, mais nos chocaria o fato de estar desordenada a nossa vida, que a possibilidade de um ponto qualquer do círculo estar a uma distância igual ou desigual do centro. Pensa de outra forma?

EV

Ao contrário, estou plenamente de acordo. Admito que isso é a virtude. Nem devemos aceitar como racional uma coisa se ela não é expressão da verdade. E somente quem vive de acordo com a verdade tem uma vida honesta e boa. Quem assim procede, dizemos que tem virtude e age de acordo com ela.

AG

Disse bem. Você já concordou também, por comparação das figuras, ser o círculo o mais semelhante à virtude, por causa da igualdade. Merece louvor por isso o poeta Horácio, ao dizer que o sábio permanece constante (*teres*) e igual (*rotundus*) em si mesmo.

---

1. Esta é a noção de virtude (*virtus*) na filosofia agostiniana, *Solilóquios*, 1,6,13, noção que ele usa no *De Musica*, mantém no *De Ordine*, e repete agora. Refere-se ao sentido ético (conduta) e filosofia de valores (finalidade do ato).

E tem toda a razão. Pois, entre os bens da alma, nada é mais fiel e constante em si mesmo que a virtude. Da mesma forma que nenhuma figura plana é mais constante que o círculo.

Logo, se o círculo supera as demais figuras, não pelo tamanho, mas pela forma, mais ainda deve ser estimada a virtude na alma. Porque ela se mostra superior (como racionalidade) às outras atividades da alma, não por uma forma no espaço, mas por uma certa e divina consonância (*congruentia*) de aspectos.

28 – Quando a criança progride de modo a ser louvada por isso, é por avançar no exercício da virtude (racionalmente exercida). Pensa de outra forma?

EV

De acordo.

AG

Não suponha que a alma, pela progressão na virtude, cresça com a idade do corpo. Não se trata de crescimento da alma no tempo, mas pela harmonia constante que a faz mais perfeita.

Se uma noção é a de maior, outra a de melhor, e parecendo que a alma cresce com a idade, até chegar ao uso da razão, não acho que se torne maior, e sim melhor. E se isto se devesse ao tamanho do corpo, um sujeito alto e forte deveria ser mais prudente que os demais, e isso nem sempre acontece.

EV

Quem negaria isso? Mas, se admite que a alma progride com o tempo, eu não consigo entender como, não tendo quantidade, possa ter melhoria no tempo, mesmo que isso não se refira ao corpo.

Nota explicativa ao capítulo 16

Por causa desta dúvida final de Evódio, não entendendo bem o que seja o progresso de algo não material, e a noção de virtude, no sentido de razão corretamente empregada, o circuito agostiniano vai dar uma volta muito mais ampliada em relação ao centro da coisa, que é a natureza do espírito. Isso irá até o capítulo 19. Há um pressuposto que Evódio conhecia de obras anteriores: o da ordem e harmonia do ser. E a virtude é conservar esta harmonia, como na adaptação da ideia de Horácio, com o jogo de significados de *teres* (constante) e sempre igual a si mesmo (*rotundus*). Ele já dissera: "ordem é a determinação divina na concórdia e constância das coisas" (*De Ordine* 1,7,18).

17
O crescimento da alma no tempo é em sentido figurado

29 – AG

Não se mostre tão admirado, e argumento em contrário. O maior desenvolvimento do corpo não implica correspondente crescimento da alma. Pois há homens de corpo menos bem-dotado que mostram maior virtude no uso da racionalidade que outros mais robustos. E por vezes encontramos jovens mais engenhosos e mais decididos que muita pessoa idosa.

Não parece razoável supor no desenvolvimento corporal um sinal de melhoria da alma, pois os mesmos corpos que aumentam com a idade tornam-se mais reduzidos na velhice. E nem só entre os mais velhos cuja idade parece enfraquecer o corpo, também na criança, pois vemos algumas crianças que superam outras na idade, mas não em altura.

Portanto, se o maior tamanho do corpo através do tempo não é causa de superioridade corporal, esta só poderá estar nas forças germinais, ou em princípios ainda desconhecidos por nós sobre a natureza dos corpos, questão de entendimento complexo.

Não devemos, por causa disso, imaginar que a alma cresce com a idade quando, pelos costumes (*usu*) e pela continuidade, ela vai aprendendo muitas coisas.

30 – Se ainda não entendeu, é oportuno lembrar que chamamos longanimidade, tanto no sentido físico quanto no moral, o que os gregos chamam de *macrotímia*, ou magnitude.

Neste mesmo sistema, e por comparação, aplicamos às vezes à alma termos referentes aos corpos, e aos corpos termos que cabem à alma. O poeta Virgílio chamou ao monte *cruel* e à terra *justíssima*, e tais expressões são da alma, aplicados aos referidos corpos. E por que nos admirar se usamos a mesma expressão de magnitude, ou longanimidade, tanto para o espírito como para o corpo, se apenas o corpo pode ser largo ou maior em tamanho?

O que chamamos magnitude nas qualidades morais ou virtudes não se refere ao espaço em sentido específico, mas em certa potência ou força moral da alma, e assim deve ser entendido. E tal virtude é tanto mais estimável quanto mais é distante das coisas materiais.

Ainda voltaremos ao tema, ao examinar tudo que pode a alma. Da mesma forma falamos, por exemplo, da grandeza de Hércules, não pelo seu desenvolvimento físico como pela excelência dos seus atos. Esse é o método.

Se está lembrando, quando falamos do ponto e sua predominância entre as figuras, dissemos ser a razão que nos demonstra tal coisa. E a mesma razão faz entender a predominância como magnitude. Entretanto, o ponto não tem dimensão. Por isso, falando ou ouvindo algo sobre um crescimento da alma, não entendemos isso em sentido material, mas em sua potencialidade, tal como a alma a desenvolve. Se a dúvida está respondida, passemos a outro assunto.

Nota explicativa ao capítulo 17

Há muita densidade neste capítulo, com um poder de síntese bastante aferível. No jogo de oposições e contrários, uma técnica retórica usual em Santo

Agostinho, ele faz o contraste preciso entre a ideia material de uma extensão no tempo-espaço, e própria dos corpos, com uma atividade da alma imaterial, nunca limitada em dimensão ou tempo, e por isso mesmo capaz de abranger o tempo e o espaço, sem relação material. O emprego, aliás oportuníssimo, da noção de grandeza ou *magnitude*, ora no sentido físico-corporal (quantitativo), ora no sentido do conceito ou ideia da potencialidade do espírito (qualitativo), sublinha a oposição de termos, ou antítese. Ele já empregara inicialmente o processo, e nas mesmas reflexões, no livro dos *Solilóquios* 1,4,9 e 1,5,11. Também o aplica em *De Ordine* 2,15,42. E se o ponto, sendo a predominância das "figuras", como das abstrações do corpóreo, é a magnitude sensível (enquanto figura representada até visualmente), a alma, que não é abstração, e tem realidade própria, é a magnitude *inteligível*, intuída por nós em sua verdade existencial. Neste livro, no capítulo 33, n. 73 (quarto grau de potência da alma), ele a declara maior que o universo (e esse é o qualitativo ontológico), o espírito é superior *qualitativamente* a toda a possível imensidão do universo da matéria, porque feito à imagem e semelhança de Deus.

18
A linguagem que a criança aprende progressivamente não significa crescimento da alma

31 – EV

Não sei se já falamos de todas as questões que me preocupam, pode ser que não me recorde de algumas. O que lembro agora é isso: Quando nasce, a criança não sabe falar. Por que só adquire isso com o desenvolvimento posterior?

AG

Isso é de fácil resposta. Cada um fala o idioma dos homens pertencentes à região onde nasceu, e no qual é ensinado.

EV

Ninguém coloca tal coisa em dúvida.

AG

Imagine agora uma pessoa nascida e criada numa região onde todos fossem mudos, e comunicassem seu pensamento por meio de gestos. Tal pessoa, ali nascida, e que nunca escutou alguém falar, não se comunicaria da mesma maneira, através de gestos?

EV

Isso não pode acontecer. Como imaginar homens inteiramente mudos ou alguém nascido entre eles?

AG

Não está lembrado de um jovem de Milão, e nosso conhecido, de aspecto polido e educado, também surdo e mudo, que se comunicava apenas por mímica, nem tinha outro meio de manifestar sua intenção? Inclusive é conhecido também aqui (em Roma). Eu conheci pessoalmente um casal em que marido e mulher eram dotados da fala, entretanto, tiveram filhos, três ou quatro, não estou bem certo, e tais filhos nasceram mudos. Também eram dados como surdos, por só perceberem as coisas por gestos.

EV

Conheço o primeiro, e creio em sua palavra quanto aos outros. Mas onde isso quer chegar?

AG

No que você disse, não podendo imaginar alguém nascido surdo e mudo.

EV

Continuo pensando assim. Se não me engano, disse que nasceram entre homens falantes.

AG

E mantenho o que disse: existem seres humanos mudos. Suponha o seguinte: um casal de surdos-mudos, e morador de lugar distante, gera um filho que não nasce mudo e surdo. Como a criança se comunicaria?

EV

Certamente imitando os gestos que observa nos pais, e não poderia fazer de outro modo nos primeiros tempos. Entretanto, creio que prevalece meu argumento. Que importa aprender a fala ou os gestos no crescimento e na idade, se isso pertence à alma, e esta não teria crescimento conforme foi dito?

AG

A partir do que você diz, imagino que considera também maior a alma de um praticante do malabarismo sobre cordas, ou funambulismo, do que a alma de um outro que não tem esta habilidade?

EV

É diferente. Quem não vê ser isto uma arte?

AG

Arte por quê? Por ser aprendida?

EV

Claro que sim.

AG

Se alguém aprende coisa diferente, não é uma arte?[1]

---

1. Arte (*ars*), na nomenclatura usada por Santo Agostinho, é tanto a habilidade e a prática adquirida, como o emprego inteligente de conhecimentos, o exercício da mesma inteligência. Neste último sentido, que é o principal, constitui o terceiro grau de potencialidade da alma – neste livro, cap. 33, n. 72, e cap. 35,79. Cf. ainda: *De Ordine* 2,11,34 e *De inmortalitate animae* 4,5.

EV

Tudo que se aprende é uma arte.

AG

Logo, não foi dos pais que a criança aprendeu os gestos.

EV

Certamente aprendeu com eles.

AG

Logo, é preciso admitir que isso não se deve ao desenvolvimento ou ao crescimento da alma, mas ao desempenho de certa arte mímica.

EV

Não posso concordar.

AG

Neste caso, e contra o que você mesmo estabeleceu, nem tudo o que se aprende representa uma arte adquirida.

EV

Sim, é arte em todo o sentido.

AG

Então, o menino não aprendeu os gestos de comunicação, segundo o que você disse.

EV

Aprendeu, mas isto não é arte.

AG

Há pouco você afirmou que tudo o que se aprende é arte.

EV

É certamente arte, ou habilidade adquirida. Aprender a falar e a gesticular é arte. Mas existem habilidades que aprendemos olhando os outros, e habilidades que nos são ensinadas por um professor.

AG

E qual delas você entende que a alma obtém por crescimento? Uma só, ou todas?

EV

A primeira hipótese, olhando os outros.

AG

Incluiria ali a acrobacia, por exemplo? Segundo penso, podemos aprender isso olhando os seus praticantes.

EV

Penso que sim. É certo, porém, que nem todos os espectadores conseguiriam fazer isso, por mais empenho demonstrado, sem um professor que os orientasse.

AG

Falou bem. E diria o mesmo sobre a linguagem. Por exemplo, os gregos, ou pessoas de outras regiões, percebem que falamos uma linguagem diferente da sua, um outro idioma. Ora, não distiguem isso apenas olhando os outros. E para aprender nosso idioma teriam que recorrer a um professor.

Por causa disso, acho estranho que você considere como crescimento da alma a palavra falada e não os gestos de comunicação.

EV

Não sei entender esta união de significados. Quem procura professor de língua estrangeira já conhece ao menos a sua. E isso teria conseguido, penso eu, com o crescimento da alma. A língua alheia é coisa adquirida.

AG

E se alguém, nascido e criado entre surdos e mudos, não sendo ele mesmo surdo, viesse para uma terra onde os homens falam, chegando a aprender a língua falada ali. Cresceria sua alma com isso?

EV

Não ouso afirmar isso. Agora entendo que falar não significa crescimento da alma, para não ter que admitir que ela também se modifica com outras habilidades adquiridas. Realmente, admitir que a alma pode crescer é admitir ao mesmo tempo que pode diminuir se esquece algo.

Nota explicativa ao capítulo 18

Adquirimos hábitos, inclusive este de formas e sinais de comunicação, porque temos inteligência para fazer isso, esta é a direção atual do *circuitum nostrum*. Santo Agostinho já definira em obra anterior: "a palavra é obra da razão". Disse ele, nascemos com a capacidade de entender e de comunicar o pensamento, e a expressão da fala, inclusive a dos gestos, é habilidade adquirida. A linguagem humana é fato social, e tem função social (cf. *De Ordine*, livro 2, capítulo 12, n. 35 e 36). Diria mais tarde: "Nascemos com a inteligência, mas aprendemos a usá-la e a nos comunicar nos sinais da linguagem" (*Confissões* 1,8). Há também uma referência já indicada, na sua obra maior, onde ele tece considerações inclusive sobre uma certa forma de comunicação infantil independente de palavras (*Sobre a Trindade* 14,5). Também fala disso no *De Genesi ad litteram*, livro 10.

19
Em que sentido a alma cresce ou decresce

33 – AG

Ainda bem que entendeu. Seria possível dizer que a alma cresce aprendendo e decresce esquecendo, mas apenas em sentido figurado. Evite-se, porém, imaginar que ela ocuparia mais o espaço com o aprendizado, como se ficasse maior. Na verdade, a alma do que aprende desenvolve mais sua capacidade que a do ignorante.

Mas é importante saber que tipos de conhecimento ela deve adquirir, para se fazer melhor com tal entendimento.

Por comparação: temos três tipos de aumento do corpo. Um é necessário para o crescimento natural, e com perfeita harmonia. Outro é acidental, como o crescimento maior de um órgão ou um membro, sem prejuízo da saúde, como alguns homens que nascem com seis dedos na mão, ou os tipos chamados monstruosos com crescimento anormal. O terceiro é prejudicial à saúde, e chamamos tumor – pois faz crescer o membro ou o órgão, mas com prejuízo para a saúde.

Assim também, na semelhança de termos, dão-se aumentos na alma, e são naturais quando cresce em conhecimentos adquiridos no aprendizado honesto, numa existência corretamente vivida. Quando aprende coisas que podem ser até maravilhosas, e menos úteis, ainda que de alguma utilidade ocasional, seria crescimento acidental e pode ser comparado ao segundo tipo de aumento corporal. Não é porque um flautista habilidoso foi coroado rei por um povo entusiasmado com sua arte, como nos conta Varrão, que sua alma tinha crescido com tal habilidade. Nem desejaremos ter dentes muito grandes porque alguém que os tinha excessivos matou o inimigo com uma dentada.

Mas há um terceiro tipo de acréscimo ou de conhecimento adquirido pela alma e que pode ser danoso ao bem da mesma alma (pela finalidade do ato). Saber apenas o gosto e sabor dos alimentos, a idade do vinho, o lugar ideal para pescar um peixe, não é em si conhecimento louvável. Quando a alma, abandonando a procura intelectual, deleita-se preferivelmente no conhecimento sensível, e, por assim dizer, adere ao sensualismo, e às habilidades com fins apenas materiais, não faz outra coisa que inchar-se e prejudicar-se.

Nota explicativa ao capítulo 19

Há uma certa progressão na atividade da alma. Tanto a da animação, promovendo o desenvolvimento do corpo no tempo e no espaço, como na sensação, pois a alma sente através do corpo. Também ela progride na sua atividade própria do espírito, entender, lembrar e querer. Em relação à alma isto não é uma limitação no tempo e no espaço, mas uma relação de atividade própria (independente do corpo). Por isso foi dito em outro livro anterior: "A alma se torna menor quando se afasta do procedimento segundo a razão, e se faz *melhor* quando age de modo racional" (*De inmortalitate animae* 7,12). Na ordem estabelecida pelo Criador, tudo é sempre perfeito quando o ser criado se mostra conforme à sua verdade do ser, e isso inclui a racionalidade exercida de modo correto (*De Ordine* 1,6,16). Os bens criados não são fins em si mesmos, são meios para um fim maior, e para o bem maior que é o encontro com Deus (*A Cidade de Deus* 19,3). Como sempre, o *circuitum* dirige-se ao tema central: a natureza do espírito humano.

Confira-se, neste livro agora traduzido, capítulo 33, n. 70 e 71, primeiro e segundo graus de potência da alma (animação e sensação).

20
Se a alma sabe alguma coisa sobre ela mesma

34 – EV

Aceito e concordo. Uma coisa, entretanto, me inquieta o pensamento: Por que a criança que acabou de nascer mostra-se de todo incapaz de entendimento, como os animais? Se a alma é eterna, como não traz em si um entendimento conatural?

AG

Questão difícil, nem sei de outra maior. Mas as nossas posições no assunto são bastante diferentes e contrárias. Acha você que a alma não traz consigo entendimento algum. Pois eu entendo que ela traz todo o conhecimento, e, quando vai aprendendo com a idade, nada mais faz que recordar.

Esta não é a hora de tratar deste assunto, ou de saber como se dá o fato. Por enquanto, estamos falando da natureza da alma, enquanto não tem medida ou extensão.

De sua duração, ou como deve ser entendida a sua eternidade, falaremos oportunamente em resposta à sua quarta pergunta sobre o modo como se une ao corpo.

Tratamos aqui de sua potencialidade. E que nos importa agora indagar se existiu sempre, se há de durar eternamente, se em dado instante parece ser sábia e em outra hora se mostra ignorante?

Ora, já não provamos que a extensão do tempo não é causa nem da maior extensão do corpo? Ou que pode haver ciência nula em idade maior, e mais presente em idade avançada? E de tudo que foi dito temos prova suficiente de que a alma não cresce com o tempo ou com o corpo.

Nota explicativa ao capítulo 20

O que tem de curto esse capítulo tem em densidade nas entrelinhas, em questões filosóficas apenas sugeridas, mas claras ao entendimento. E algumas, referidas sem maior explicação (mas ligadas ao pensamento global agostiniano em outros livros). Anoto, para o leitor atual, a problemática daquele século V – contida nas entrelinhas do texto. Por longínqua influência de Platão, e em certos meios católicos – em Alexandria principalmente – havia a ideia da eternidade das almas. E estas, segundo o platonismo, traziam lembranças de uma vida anterior sem o corpo (isso não concorda com o dado de *fé*). Mas havia a dúvida filosófica sobre a preexistência das almas. É a isso que se refere o bom Evódio, desejando esclarecer o seu entendimento.

Santo Agostinho não está se referindo ao platonismo, quando diz que a alma traz todo o conhecimento, e quando aprende não faz mais que recordar. É sua personalíssima doutrina da *iluminação*: todas as verdades, inclusive as naturais, já foram impressas por Deus na alma ao criá-la, e cada um, à luz da iluminação, do entendimento interior, e na medida do próprio esforço inteligente, é chamado a descobrir e conhecer a verdade (*Solilóquios* 1,7,16; *De Magistro* 12,38; *Confissões* 13,34; *De Trinitate* 12,15,24 e 14,4,6).

Ele refutou a doutrina platoniana da reminiscência – ideias inatas – em *Retratações* 1,8,2 (a respeito deste livro), e no seu *De Genesi ad litteram*, livro 7, caps. 24 a 28.

Também não fala em eternidade da alma e sim em *imortalidade* – só Deus é a eternidade, e o é por essência. Tudo mais é criatura, sendo por isso durável e sujeito à mutação (*Da natureza do bem* 19; *A Cidade de Deus* 11,6; *Confissões* 13,33; *Sobre a Trindade* 5,2,3).

Esta matéria é referida no capítulo 36 do livro agora traduzido, em visão esquemática.

21
As forças do corpo desenvolvidas com o tempo não provam o crescimento da alma

35 – AG

Se lhe agrada, vamos observar a sua outra pergunta, como a alma, sem ter extensão, sente pelo tato em qualquer parte do corpo.

EV

Concordaria com isso, desde que entendesse bastante claramente a questão das forças corporais. A mim parece que os corpos, crescendo com a idade, acrescentam forças à alma. Como dizer que a alma não cresce? Por mais que as forças sejam do corpo e a virtude seja da alma, não diria que as forças não são também da alma, de vez que um morto, para dar o exemplo, não mostra força alguma. Não podemos negar que a alma se utiliza de tais forças e dos sentidos do corpo. E se tais coisas existem somente no ser vivo, penso que são também da alma. Vendo as crianças adquirindo maior força ou capacidade, primeiro na infância, depois na adolescência e juventude, e vendo que isto diminui na velhice, sou levado a crer que a alma cresce com o corpo e com ele envelhece.

Isso não parece inteiramente absurdo à primeira vista. Entendo, porém, que as energias corporais não dependem do tamanho do corpo, menos ainda da idade. Estão ligadas ao exercício, como à conformação orgânica. Provo com a pergunta seguinte: O fato de alguém caminhar com menos fadiga e esforço que um outro, depende da força empregada?

EV

Parece que sim.

AG

Nesse caso, quando eu era bem pequeno, andava sem cansaço algum, e por muito tempo, à procura de aves. E mais tarde, quando adolescente, e obrigado a uma vida mais sedentária, cansava-me facilmente se quisesse andar assim. E por que tal coisa acontecia, se a alma e as forças crescem com a idade?

Os instrutores dos atletas não procuram corpulência nos seus alunos, mas a conformação muscular e a justa proporção do corpo. E tudo isso não valeria nada sem a habilidade adquirida no exercício constante.

Muitas vezes eu vi homens de menor tamanho serem mais competentes para levantar certos pesos que outros de maior corpulência. E um vencedor olímpico, se quiser andar normalmente, vai se cansar mais depressa que um vendedor ambulante, acostumado a isso todos os dias. Entretanto, em força física, o atleta derrubaria o outro sem dificuldade.

Portanto, se chamamos forças somente aqueles meios apropriados a um fim desejado, certamente vale mais o corpo bem proporcionado e disposto pelo exercício a uma atividade, que o tamanho ou corpulência. Diz a lenda que, pelo exercício constante, um certo homem, levantando diariamente nos braços um bezerro, chegou a levantar com o tempo o mesmo animal, já tornado um touro, sem perceber que aos poucos o animal aumentava de peso. Nem isso prova que a alma cresça com o desenvolvimento corporal.

Nota explicativa ao capítulo 21

Esta matéria será mais desenvolvida na explanação agostiniana com as considerações do capítulo seguinte, o 22. Por isso, reservo para lá as informações explicativas, inclusive com indicação das fontes do pensamento global de Agostinho em suas obras. As relações alma e corpo, na unidade da natureza composta de duas substâncias, e numa linha certamente mais aristotélica, é preocupação constante da temática agostiniana. O ser é uno, mas uma unidade composta. Alma é princípio organizador, vivificador e formal do corpo. Alma e corpo agem juntos, evidentemente, pois o ser é uno. Mas a alma é princípio único dos atos do corpo. Veremos isso mais amplamente no capítulo seguinte.

22
Origem das maiores forças do corpo

37 – AG

Se os animais corpulentos, pelo seu tamanho inclusive, apresentam maiores forças, isso obedece à lei natural de que o menos pesado é sujeito ao de maior peso. Não somente quando procuram o lugar que lhes compete por natureza, assim como as águas e os elementos da terra tendem ao centro da mesma terra que é o mais baixo, e o ar e o fogo, sendo mais leves, tendem a subir. Ou quando, por um impulso, são lançados e caem na direção a que tendem por sua natureza.

Se deixamos cair ao mesmo tempo duas pedras de desigual tamanho, a mais pesada chega primeiro ao solo. Porém, se colocarmos a menor aderente à outra de modo a não poder separar-se, chegarão ao solo no mesmo tempo. Ao contrário, se atirarmos a menor para o alto, ao encontro da maior jogada para baixo, o encontro de ambas faz retroceder a menor. E não se pense que a menor foi obrigada a isso porque a maior procurava seu lugar próprio com mais força.

Se jogarmos a maior para cima, ao encontro da menor jogada para baixo, veremos que a menor, sofrendo o rebote, vai para cima, até cair mais tarde em direção ao solo. Se as duas pedras, movimentadas a um modo que não lhes é natural, e disparadas por duas pessoas que combatem, chocam-se no ar, ninguém ignora que a menor cede ao impulso da maior, e obrigada a percorrer caminho para baixo, na direção tomada pela maior.

Se pesos menores cedem aos maiores, é importante, porém, saber o impulso de cada um. Porque a menor, se lançada ao impulso de uma potente máquina, vier a se chocar com a maior impulsionada mais fracamente, cederá sem dúvida, dado o menor peso, mas a força maior do seu impulso pode fazer que a maior retroceda ligeiramente, levando-se em conta as duas coisas, os pesos e a força dos impulsos.

38 – Bem considerado o assunto, até onde importa ao nosso estudo, note que as forças animais obedecem também às leis da natureza. Que os animais tenham seu próprio peso e inclinação natural, ninguém pode negar. Esta inclinação natural, movida pelo impulso do princípio animante, ou alma, faz com que o corpo se dirija ao que lhe compete por sua mesma natureza. A ação da alma utiliza os nervos como um meio de ação para mover o volume do corpo. A secura e o calor moderados fortificam os nervos e os tornam mais adequados ou adaptados. O frio e a umidade, pelo contrário, relaxam e enfraquecem o movimento. Por isso, os membros corporais ficam descontraídos durante o sono, pois os médicos afirmam e provam que o sono é frio e úmido.

Por isso, é mais fraco o impulso do corpo despertado do sono, e nada é mais fraco e sem nervos que o estado letárgico. Como é certo que os frenéticos (hoje diríamos *neuróticos*) aos quais excitam as coisas quentes como as vigílias, o vinho, a febre, mostram-se tensos e irritados, além da medida justa, e às vezes parecem capazes de maior força que os homens saudáveis, por mais que o corpo dos frenéticos esteja debilitado por uma certa doença.

Logo, se o que chamamos forças ou atividades do corpo, são atuadas pela alma o impulso direto e material é dado pelos nervos e pelo peso ou inclinação natural. A vontade, as energias da alma, comanda o impulso, tornado mais forte na coragem ou na esperança, mais fraco no medo e no desespero (pois no medo, se ainda há uma esperança, as forças do corpo podem ser aumentadas). Ora, a força motriz dos nervos adapta-se à constituição do corpo, modifica-se com a saúde orgânica, e pode ser fortalecida com o exercício.

O peso é resultante do desenvolvimento dos músculos e obtido com a idade e a nutrição. Pode inclusive ser restaurado por uma boa alimentação. Quem desfruta do equilíbrio e harmonia das forças naturais, tem igualdade da natureza, é louvado por seu vigor. Será mais fraco aquele que não tenha esse equilíbrio.

Acontece por vezes que alguém, dotado de maior poder de vontade, e boa harmonia de seu organismo, e de menor volume, consegue vencer um outro maior que ele, mas sem a mesma capacidade de decisão. Como haverá casos em que um sujeito é tão grande e forçudo que vence qualquer um sem muito esforço, inclusive o adversário menor e que luta com coragem e decisão.

Ora, o que influi não é o peso do corpo nem a ação dos nervos, mas o impulso da alma, quando um mais corpulento e menos corajoso é vencido por um menor e mais decidido. Isto não pode ser atribuído às forças corporais. Temos que admitir na alma uma potencialidade própria, dando mais confiança e decisão, presente em uns, ausente em outros, fazendo entender até onde a alma é superior ao corpo, inclusive naquilo que ela faz através do corpo.

39 – No caso da criancinha, faltam-lhe forças maiores, ela dependerá apenas da vontade para repelir alguma coisa ou mostrar desejo. Seus nervos são insuficientes, e a constituição orgânica menos perfeita, e mais fraca pelo humor daquela idade, e pela falta de exercício. Seu peso é tão pequeno que não pode causar dano a outrem, sendo capaz somente de sofrer danos, não de causá-los.

E quem não percebe que, através dos anos, a criança vai adquirir todas as forças e habilidades que ainda não possui? E suporá alguém que a alma, capaz de atuar tais forças dia a dia, cresça também com isso?

Suponhamos alguém que observe a ação de um jovem, escondido por um cortinado, e que usa um arco pouco tenso, lançando pequenas setas muito leves, que logo vão cair a pouca distância. A seguir, vê que sobem aos céus setas pesadas, com ponta de ferro, ornadas com plumas, lançadas por um arco esticadíssimo. Se disserem que tal jovem exerceu o mesmo tipo de impulso no primeiro e no segundo caso, poderemos imaginar que teve suas forças corporais subitamente aumentadas e melhoradas em tão pouco tempo? Nada pode ser dito mais absurdo.

40 – Além disso: se a alma pode crescer de algum modo, seria tolice supor que ela o faz pelas forças do corpo, e não por sua maior capacidade de atuação. Aos movimentos do corpo ela aplica a vontade. E entendimento somente a alma possui. Se admitirmos que a alma cresce quando aumentam as forças corporais, teremos que afirmar sua diminuição quando tais forças físicas diminuem ou se reduzem. E diminuem na velhice, como se reduzem no trabalho intelectual. Ora, é precisamente na idade madura que atingimos a maturidade intelectual e maior conhecimento. Como admitir que a alma cresce e diminui ao mesmo tempo, no exemplo agora citado?

Em conclusão: as forças que o corpo adquire com a idade não provam um crescimento da alma. Poderia falar mais sobre isso, mas coloco um ponto-final.

EV

Já me convenci de que as maiores forças não derivam do crescimento da alma. Abstraído do que você disse, lembro o caso de um louco, cuja força às vezes é mais violenta que na saúde física, e ninguém dirá que a alma cresce com a loucura. E se alguém subitamente mostra muita força, isto se deve, como já disse, aos nervos como força motriz.

Peço me explique a seguir o que mais me preocupa: não tendo a alma extensão no tempo e no espaço, como sente em qualquer parte do corpo onde se toque?

Nota explicativa ao capítulo 22

Ainda usando termos da ciência do tempo, sobre a constituição e funcionamento orgânicos, ou sobre as leis das forças e movimentos, Santo Agostinho não está falando de ciência. Fala *de causalidade*, ou seja, relação de causa e efeito. As mutações do corpo são efeitos naturais sujeitos às leis da natureza. Mas a causa eficiente, formal, e princípio único de atuação do corpo é a alma. A alma é que age através do corpo. Ela não cresce com o corpo, ela faz o corpo crescer. Como disse a definição de Santo Agostinho: "A alma dá ao corpo o ser como ele é enquanto corpo" (*ut sit in quantum est*), e a Escolástica diria em termos iguais *forma dalt esse rei* (a forma dá o ser à coisa). Pois é a alma, princípio formal, que vivifica os elementos do corpo, e o constitui numa unidade harmônica (*Genesi contra manichaeos* 2,7,9). A alma não muda em função do corpo. Pode mudar, sim, lembra o santo Doutor, em relação à sua mesma realidade, no sentido da *virtus*, ou racionalidade empregada corretamente ou não (*De inmortalitate animae* 5,7).

E disse ainda em sua obra maior: "A ordem corporal provém da alma, que a transmite ao corpo por ela organizado e governado" (em *De Trinitate* 3,3,8). Esta a colocação do tema segundo o pensamento global agostiniano.

23
A alma sente no corpo, em todas as suas partes, sem ter extensão

O que é sensação?

41 – AG

Vamos ao que você deseja saber e será necessário prestar muita atenção, talvez maior do que você suponha. Procure não se distrair sendo atento às mínimas coisas. Diga: o que é exatamente o sentido, este que a alma utiliza através do corpo, e que pode ser chamado justamente com esse nome.

EV

Ouvi dizer que há cinco sentidos, e são: ver, ouvir, cheirar, saborear, tocar. Não sei de outros.

AG

Esta é a divisão antiga e universalmente conhecida. Mas desejo que me defina a noção de sentido, e de tal maneira que esta definição inclua os cinco sentidos citados, nada acrescentando à noção do que seja o sentido (em si mesmo). Se não souber definir, também não insisto. Resta-lhe aceitar a definição que darei.

EV

Certamente errarei se o tentar, pois sei pouco. E não é fácil conceituar como você pediu.

AG

Então esteja atento: Penso que sentido – ou sensação – é não ser oculto à alma o que sofre o corpo (*non latere animam quod patitur corpus*).

EV

Agrada-me a definição.

AG

Pois vamos fazer de conta que a definição foi sua. E comece a defender o que definiu, enquanto eu irei refutando pouco a pouco.

EV

Defenderei até onde você ajudar. E isso já me deixa um tanto intrigado, pois não é sem motivo que você pretende refutar.

AG

Não seja escravo da autoridade alheia, principalmente a minha que não vale nada. Disse o poeta Horácio: "atreva-se a saber". Oriente-se pela racionalidade, jamais pelo medo.

EV

Só não temo o debate porque você não me deixará errar, estou certo disso. E como diz o poeta Virgílio, "se você tem algo a dizer, comece já", para que não seja mais difícil a espera que a defesa da tese.

42 – AG

Quando você me olha, o que experimenta seu corpo?

EV

Sofre a impressão visual, certamente, pois os olhos são parte do meu corpo. Se não recebessem a impressão visual de seu corpo, como ele seria visto por mim?

AG

Não é suficiente dizer: recebem uma impressão (sensível). É necessário explicar o que realmente é experimentado.

EV

Acaso não é a visão em si? Os meus olhos simplesmente estariam vendo. Se me perguntam o que experimenta um doente, respondo: a doença. E quem deseja experimenta o desejo. Quem se alegra experimenta alegria. Por que pergunta sobre o experimentado quando vemos algo? Quem vê experimenta a visão de alguma coisa.

AG

Quem se alegra, sente alegria. Concorda?

EV

Concordo.

AG

Diria o mesmo de todas as sensações?

EV

Certamente.

AG

Logo, os olhos veem o que sentem?

EV

Nem sempre. Quem pode ver a dor que os olhos por vezes sentem?

AG

Você está falando apenas dos olhos. Mas seja atento: Observe desta forma – assim como quem se alegra sente a alegria alegrando-se, aquele que vê também sente a visão vendo?

EV

E podia ser diferente?

AG

E aquilo que alguém vê e sente vendo, deve ser também visto.

EV

Não me parece necessário. Se alguém sente amor vendo algo, deve igualmente ver o amor?

AG

Resposta prudente e muito hábil. Alegra-me que você dificilmente se deixe enganar. Observe agora: admitimos ambos que não se vê tudo o que os olhos sentem, nem tudo aquilo que sentimos vendo, seria verdadeiro dizer também que – tudo o que vemos sentimos?

EV

Realmente, se não concedo isso, como poderia chamar sensação ao que vemos?

AG

E então? Quando sentimos algo não o experimentamos igualmente?

EV

Certo que sim.

AG

Logo, sentimos tudo o que vemos, e experimentamos ou sofremos tudo o que sentimos. Também sofremos tudo o que vemos.

EV

Desisto de argumentar.

AG

Portanto, sofro a sua impressão quando o vejo, como você também sofre a minha, ao nos vermos um ao outro.

EV

Entendo que sim, a razão me obriga a isso.

43 – AG

Então vamos ao que segue: creio que achará coisa sem lógica e bastante tola se alguém diz que um determinado corpo pode causar impressão em nós, ali onde não está o corpo percebido?

EV

Parece absurdo.

AG

E então? Não parece evidente que meu corpo está em um lugar e o seu em outro?

EV

Evidentemente.

AG

Mas seus olhos percebem meu corpo, e se o percebem também o experimentam na percepção. E não poderiam sofrer isso ali onde não se encontra o que sentem. Entretanto, seus olhos não estão no lugar em que se acha meu corpo. Logo, sofrem onde não estão.

EV

Na verdade, fui admitindo tudo o que não me parecia absurdo admitir. Mas esta última conclusão, que você tirou de tudo que eu concedi, é por demais absurda. Prefiro admitir agora que concedi coisas anteriores de modo temerário, a conceder que isto seja verdadeiro. Nem em sonhos eu concederia que meus olhos podem sentir ali onde não estão.

AG

Pois vamos ver onde você cochilou ou dormiu no raciocínio. O que poderia agora ter causado sua inadvertência, se antes estava tão atento?

EV

Estou lembrando e revendo cuidadosamente tudo que disse. E não me parece claro ter admitido isso. A não ser, talvez, pelo fato de que, sentindo nossos olhos quando enxergam, seja a mesma visão em si aquela que sente.

AG

É exatamente isso. A visão se projeta dos olhos para o exterior, e se dirige para longe, a todas as partes, para poder perceber tudo o que vemos. Daí decorre que a visão percebe mais precisamente ali onde está o que ela vê, que no lugar de onde saiu para enxergar. Ora, quando você me vê, acaso não está vendo?[1]

EV

Que louco negaria isso? Certamente vejo, mas com a visão emitida pelos meus olhos.

AG

Mas, se você vê, também sente, e sentindo também sofre a impressão. Não poderia sofrer ali onde não está. E como pode me ver aqui onde estou, sofre aqui onde estou. E se onde estou você não está, não posso entender como se atreve a dizer que me vê.

EV

Respondo: estendendo o olhar até onde você está, seja onde for. E admito que não estou ali. E assim como se pudesse tocá-lo com uma vara. Certamente seria eu o que toca, sem estar no lugar onde toco. Também quando

---

1. Concilia aqui Santo Agostinho as duas versões gregas do ato de visão: a platoniana, dos olhos como emissores de um foco próprio de percepção (como um foco luminoso); e a aristotélica, dos olhos como receptores das impressões causadas pelo objeto. Por isso, sentimos o que vemos, e vemos ali onde está o objeto (mas não os nossos olhos). Para melhor ilustração da teoria agostiniana, a melhor leitura é a de Ángel Custodio Vega, OSA, em sua *Introdução à filosofia de Santo Agostinho*, ed. BAC, 1946, principalmente p. 174-183.

afirmo que percebo com a visão, e por mais que não esteja onde se encontra o objeto, também sou eu quem vê.

AG

Não falou errado. Seus olhos podem se defender assim, a visão é como a vara dos olhos. E nem é absurda por isso a conclusão de que os olhos podem ver ali onde não estão. Pensa de outra forma?

EV

Agora entendi o que você quis dizer. Se os olhos percebem ali onde estão, veriam também a si mesmos.

AG

Melhor que a si mesmos seria dizer: perceberiam unicamente a si mesmos. Porque onde eles estão, ou lugar que ocupam, só permite a presença do olho. Ali não está o nariz, nem parte diferente do rosto. Se assim não fosse, você estaria aqui onde estou, estando cada um de nós no seu lugar. Se os olhos vissem ali onde estão, nada mais veriam que a si mesmos. E como não podem ver a si próprios, admitimos que podem ver o objeto da visão ali onde não se encontram. Ou de modo mais definitivo: não podem ver senão ali onde não estão.

EV

Isso tudo me deixa impressionado.

Nota explicativa ao capítulo 23

O conteúdo da teoria agostiniana do conhecimento sensível, iniciado em *Solilóquios*, continuado no *De Musica*, repetido aqui, reafirmado no *De libero arbitrio* (caps. 2 a 5 do livro 2), mantido posteriormente no livro

12 do *Genesi ad litteram*, e em várias passagens do *De Trinitate*, implica sempre no primado do *inteligível*: sentir é do corpo, entender é da alma, e é a alma que sente inteligivelmente através dos sentidos. Por isso, os sentidos trazem uma percepção, mas não o significado. Começa aqui um torneio de retórica, desenvolvido até o capítulo 29. Lembro duas expressões do livro 12 do *De Genesi ad litteram*, que fazem entender melhor a temática e a dialética de Santo Agostinho sobre o assunto: "Uma coisa é sentir, outra é entender o sentido", "uma coisa é o sentido, outra o conhecimento". Como ele disse ainda no *De libero arbitrio*, na sua *gnoseologia* fundamental, para chegar à ciência, ou saber inteligível, é preciso ultrapassar os sentidos interiores e exteriores (2,12). E o saber inteligível está na verdade que habita o interior da alma (*Sobre a Trindade*, livro 12).

24
Uma coisa é ver, outra conhecer

45 – AG

Talvez deva se admirar. Agora explique o seguinte: Vemos com os olhos tudo aquilo que entendemos através da visão?

EV

Penso que sim.

AG

Então, por que, vendo somente a fumaça, entendemos a existência do fogo que ainda não vemos?

EV

É verdade. Já não penso que vemos tudo o que podemos entender usando a vista. Como você disse, podemos ver uma coisa e perceber a existência de outra que a visão não mostra diretamente.

AG

E então? Podemos deixar de ver o que sentimos diretamente com a visão?

EV

De modo algum.

AG

Logo, uma coisa é sentir, outra entender?

EV

Certamente, pois é vendo que sentimos a impressão da fumaça, como é entendendo que sabemos do fogo ainda não visto.

AG

Entendeu bem. Quando isso acontece, o nosso corpo nada sofre da impressão do fogo, apenas da fumaça diretamente percebida. Logo, como já foi estabelecido, ver é sentir, sentir é sofrer uma impressão sensível.

EV

Sustento e mantenho o afirmado.

AG

Desta forma, quando a alma percebe alguma coisa por intermédio de uma impressão (*passionem*) do corpo, não chamamos a isso imediatamente com o nome de um dos cinco sentidos, a não ser quando é assim diretamente sentido pela alma. Pois o fogo não foi visto, nem ouvido, cheirado, saboreado ou tocado por nós. Entretanto, tal fogo não se oculta ao entendimento da alma. E como este entendimento não se denomina sensível, pois nada sofre o corpo da impressão do fogo, chamamos de conhecimento feito através de um sentido. Isto porque a impressão do corpo é causada diretamente por outro objeto, a fumaça, como já comprovado.

EV

Entendo e percebo que isso é coerente e aplicável à sua definição, que me deu para que a defendesse: sensação é não estar oculto à alma o que sofre o corpo. Chamamos sensação o fato de ver a fumaça, pois os olhos, parte de nosso corpo, e corporais também, sofrem diretamente a impressão do que estão vendo.

Não chamamos sensação o fato de entender o fogo ainda não visto diretamente, pois isto não é uma impressão corporal.

46 – AG

Louvo sua memória e excelente compreensão, mas contradigo. O fundamento desta definição está incompleto.

EV

Posso saber onde?

AG

Porque, trazendo nova observação, nada sofre o corpo imediatamente e de modo sensível no fato de crescer com a idade, ou de se fazer mais velho. Nem é por meio de algum dos cinco sentidos que sabemos disso, e também não se oculta à alma. Nada se oculta à alma do que sofre o corpo. Mas isto não se chama sensação. Vendo agora maiores as coisas que antes pareciam menores, ou percebendo idosos agora os que já foram jovens, deduzimos que nosso corpo sofre algum tipo de mudança. Isso acontece agora mesmo conosco, enquanto dialogamos. E não nos enganamos a respeito. É mais fácil admitir a possibilidade do erro na visão (naquilo que percebemos vendo) que admitir erro no que percebemos entendendo racionalmente. Posso entender que meu cabelo cresce, que meu corpo se modifica, sem ter que necessariamente estar vendo isso. Se o corpo sofre mudança, ninguém ignora que é um fato corporal. Entretanto, não o sentimos diretamente a cada instante, nem a alma o ignora. Nós o sabemos. O corpo se modifica e a alma sabe disso. Mas não é com os sentidos corporais que ela o sabe. Portanto, aquela definição – que não devia incluir nada além da noção do sensível – torna-se agora defeituosa, por incluir esta nova observação.

EV

A essa altura nem sei mais o que responder. Resta-me pedir que torne a definir, ou modifique se acha melhor, porque, depois do que acaba de ser dito, sou obrigado a dizer que é deficiente, neste ponto de vista.

AG

É fácil corrigir. Mas eu quero que você mesmo se anime a fazer isso. Estou certo de que o fará, se refletir bem no que está faltando ali.

EV

Seria o fato de permitir outros planos de observação?

AG

Permitir de que modo?

EV

Por exemplo, no caso de um corpo que envelhece, mesmo o de um jovem que vai mudando com a idade ele sofre algo, isso é inegável. E sabemos que não se oculta à alma o que sofre o corpo. Mesmo assim, não o sabe por nenhum dos sentidos do corpo. Não vejo o meu envelhecimento, e que agora mesmo eu sofro, nem o sinto com o tato, a audição, o olfato ou paladar.

AG

E como o percebe?

EV

Através da razão.

AG

Qual o argumento de razão?

EV

Porque vejo homens agora mais velhos e que já foram jovens como sou agora.

AG

E vê de que modo? Com um dos cinco sentidos?

EV

Quem negaria isso? Mas é vendo que entendo o envelhecimento, por mais que não possa ver o envelhecimento em si.

AG

Nesse caso, com que palavras deve ser acrescentada aquela definição, para que se complete? Não há sensação sem que a alma saiba o que se passa no corpo. E a alma não poderia saber de tal impressão do corpo por um outro meio que não o dos sentidos corporais?

EV

Por favor, explique melhor, para que eu consiga entender mais.

Nota explicativa ao capítulo 24

O torneio retórico, na dialética socrática, de perguntas e respostas a cada passo, tem como finalidade dar ao aluno a habilidade no raciocínio dedutivo e indutivo. O que o pensamento agostiniano está colocando em destaque é o *inteligível*, não o sensível em si. Pois é a alma que sente, através do corpo, mas conhece por sua própria potência intelectiva. Os sentidos, disse ele, são mensageiros da razão (*De Ordine*, livro 2, cap. 11, n. 32). Aceitando sem dúvida um enfoque aristotélico de que há uma união em que alma e corpo agem juntos, ele distingue sempre que o princípio único de atividade é a alma, ela é que sente e percebe, e não percebe somente com os sentidos, mas através deles, e na sua potencialidade de entendimento. Ele disse, tanto em *Solilóquios* (1,4,9) como no *De Ordine* já citado, que os sentidos são instrumentos da alma.

25
Como se deve examinar uma definição

47 – AG

Vou explicar o que me pediu. E você ganhará mais na demora que na resposta imediata. Não se deixe distrair, pois isto é da maior importância no seguimento do assunto.

Uma definição não pode conter nada mais e nada menos do que deseja conceituar ou significar. Sem isso é inteiramente defeituosa.

Sabemos se peca por excesso ou por deficiência quando a convertemos (na inversão dos termos). E passo a exemplificar para seu melhor entendimento.

Suponha uma pergunta sobre a definição do ser humano. E que definíssimos assim: o homem é um animal mortal.

Ora, isso é verdade, mas nem por isso deverá ser aceito nestes termos. Basta acrescentar a palavra *todo* e fazer a conversão para verificar se é verdadeira definição do ser humano. Que todo homem é animal mortal é verdadeiro. Convertendo: todo animal mortal é homem – isso não é verdadeiro. A definição deverá ser repelida por incluir algo estranho ao ser humano, pois nem somente o homem é animal mortal, todo animal irracional também é.

Completa-se a definição, acrescentando a palavra *racional*. Todo homem é animal mortal racional. Da mesma forma, todo animal mortal racional é homem.

A primeira definição era defeituosa por conter mais que o devido. Incluía o homem e os irracionais. A outra é perfeita por conter somente a noção de homem, ou ser humano, e não mais que isso.

Também seria defeituosa se incluísse menos que o devido. Por exemplo: todo homem é animal mortal racional gramático. Ora esta definição deixaria de incluir muitos homens que são mortais racionais e não são gramáticos. Seria falsa na sua formulação inicial, e verdadeira em sua conversão dos termos: todo animal mortal racional gramático é homem.

Se uma definição não é verdadeira em nenhum dos dois sentidos, nem o inicial nem o da conversão, é certamente ainda mais defeituosa. Como por exemplo: todo homem é animal branco, ou todo homem é animal quadrúpede. E as duas afirmações são falsas em qualquer sentido. No primeiro caso incluiria apenas os homens de cor branca. No segundo caso, é totalmente absurda, pois não existe homem quadrúpede.

Há muita coisa ainda a dizer sobre isso, tal como ensina a formulação das proposições do raciocínio lógico e a conversão dos termos. São muito numerosas e algumas bastante difíceis de entender. Oportunamente e no tempo certo, ensinarei isto para seu entendimento.

48 – Reflita agora sobre aquela definição de sensação, e, examinando atentamente, tente apresentá-la de um modo mais preciso. Porque, na referida definição, poderia ser incluída também alguma coisa que não é sensação, como o envelhecimento. E, no caso, sua conversão seria menos verdadeira. Talvez seja correto que toda sensação é impressão sofrida através do corpo e não oculta à alma. Como é verdadeiro que todo homem é ani-

mal mortal. Seria falso dizer que todo animal mortal é homem, por incluir ali os irracionais. E seria talvez falso dizer que toda impressão sofrida pelo corpo e não oculta à alma é sensação, porque, neste mesmo instante, me crescem as unhas e os cabelos, a alma sabe disso, e não o sinto, apenas entendo.

Portanto, como incluímos a palavra *racional* para a definição do homem (excluindo assim os irracionais), deste modo ali definimos o ser humano e apenas ele, pergunto: Não lhe parece que alguma palavra deva ser incluída naquela definição de sensação, para retirar o que lhe é estranho, incluindo apenas o sensível e nada mais que ele?

EV

Acho que sim, mas não sei o que deva ser.

AG

Toda a impressão (*passio*) sofrida pelo corpo e no corpo, e não oculta à alma, é realmente sensação. Mas tal proposição não pode ser convertida, porque o fato de nosso corpo experimentar o crescimento, por exemplo, não é sensação, e não se oculta à alma.

EV

De acordo.

AG

E tal experimentação, a do crescimento, a alma a conhece diretamente em si mesma, ou por meio de outro conhecimento?

EV

Por outro tipo de conhecimento, ou modo de conhecer. Uma coisa é ver as unhas crescidas, outra é saber que elas crescem.

AG

Pois bem, como o referido crescimento é sofrido no corpo, e não o percebemos com nenhum dos sentidos, e o mesmo aumento que podemos ver é um efeito desta experimentação (*passio*), e não a experimentação em si (como algo diretamente sentido), é evidente que a conhecemos por outra coisa e não por si mesma. Logo, não é certo que, se a alma a conhecesse diretamente na experimentação, estaria muito mais *sentindo* que entendendo?

EV

Creio ter entendido.

AG

E qual a dúvida sobre o que deve ser acrescentado à definição do sensível?

EV

Entendo que deva ser definido assim: sensação é não ser diretamente oculto à alma o que sofre o corpo. Toda sensação é isso, e isso é sensação.

AG

Admito que é perfeita a definição. Vamos considerar, porém, se não padece do defeito antes observado, quando acrescentamos "gramático" ao conceito de homem. Tal definição seria defeituosa, pois é verdadeira na conversão, mas é falsa na forma inicial. Se inclui somente o homem, não inclui todos, porque nem todos são gramáticos. É certo que toda impressão sofrida pelo corpo e conhecida diretamente pela alma é sensação. Mas nem toda sensação seria exatamente isso. E já explico: O irracional também sente, todos os animais experimentam as sensações nos limites de sua natureza, e todos os animais parecem ter os cinco sentidos. Concorda?

Não o posso negar.

Nota explicativa ao capítulo 25

É um método didático, certamente. Destina-se ao ensino, como em sala de aula. Por isso, a dialética usual agostiniana, a socrática, insiste em perguntar para que o aluno faça as deduções e induções cabíveis. Como esta da noção de algo *diretamente* percebido pela alma, ou princípio vital e animante. Entretanto, na formulação dos juízos de valor (segundo a operação da inteligência racional), para a posterior operação do raciocínio, isto implica ainda numa outra distinção a fazer, sugerida na hipótese da sensibilidade animal. O professor deseja que o aluno faça a distinção. Como foi dito em outro livro, sobre os critérios da certeza: o bom entendimento segundo a razão é caminho correto que nos conduz à verdade (*Contra Acadêmicos* 1,5,14). A matéria ainda se prolongará por mais quatro capítulos.

26
Existe ciência e razão nos animais?

AG

Você admite que só existe ciência (conhecimento) naquilo que percebemos e entendemos com a firmeza da razão?

EV

Certamente.

AG

E o animal não é dotado de razão.

EV

Também admito.

AG

Logo, a ciência não existe nos animais. Entretanto, se algo não é oculto, isso é conhecimento. E se toda impressão do corpo conhecida em si mesma pela alma é sensação, os animais não seriam capazes de sensação. E eles sentem, como já foi dito. Agora procura dizer: onde estaria a dúvida possível sobre aquela definição, e pela qual deixaria de incluir os animais?

50 – Penso ter cometido engano ao dizer que há ciência quando percebemos as coisas com a firmeza da razão. Pensava apenas no ser humano quando você perguntou. Agora, já não posso afirmar que os animais sabem, também não sei como negá-lo. Por exemplo, aquele cão de Ulisses foi capaz de reconhecer seu dono, depois de vinte anos de ausência. E isso, sem citar outros casos[1].

AG

Então responda, por favor: Se proponho duas coisas, uma referente aos fins a atingir, outra referente aos meios para fazer isso, qual delas considera melhor ou preferível?

EV

Sem dúvida o fim a que devemos chegar.

AG

Pois bem, sendo duas coisas a ciência e a razão, diga: é pela razão que chegamos à ciência, ou pela ciência chegamos à razão?

EV

Até onde sei as duas coisas estão intimamente unidas. Por qualquer uma podemos chegar à outra. Não chegaremos à razão se não entendermos que devemos chegar lá. Logo, a ciência parece ter vindo antes, para chegar depois à razão.

---

1. O episódio lendário da *Odisseia*, em que Argos, o cão de Ulisses, reconhece o dono vinte anos depois, incide em uma fantasia, pois o cão vive no máximo dez anos, quando chega a tanto.

AG

Acha mesmo que podemos chegar à racionalidade por esta ciência que você antepõe à razão?

EV

Jamais diria coisa tão temerária.

AG

Então, chegamos pela racionalidade?

EV

Também não.

AG

Então, como? Por acaso?

EV

Quem afirmaria isso?

AG

De que modo, afinal?

EV

Nenhum. O entendimento é inato.

51 – AG

Você parece esquecido do que antes falamos, quando perguntei sua opinião sobre só existir ciência quando conhecemos algo na firmeza da razão. E você respondeu que assim entendia o conhecimento humano. Agora, diz que o homem poderia ter ciência (conhecimento) sem perceber com a razão. Ninguém ignora a total oposição entre as duas coisas: que não há conhecimento sem racionalidade, e que há conhecimento sem o uso da razão. Diga logo qual das duas prefere, pois as duas proposições não podem ser verdadeiras ao mesmo tempo.

EV

Escolho a última, pode haver ciência sem uso da razão. Falei sem pensar. Realmente, dialogando segundo a razão, procedemos em perguntas e respostas. Ora, como poderia a razão, com a qual chegamos a conclusões, atingir tal finalidade sem antes ter conhecido algo? Se a razão não encontrasse em mim algo já sabido para assim me conduzir ao desconhecido, eu não poderia aprender racionalmente coisa alguma. Nem chamaria a isso de razão. Você concordará certamente comigo no fato de existir em nós algum conhecimento antes que o verifiquemos racionalmente. A razão partiria dali.

AG

Vou dar um tempo para que você corrija o pensamento. E permito que o faça sempre que se arrepender de alguma afirmação. Mas não abuse da licença. Seja mais atento ao sentido real das perguntas, para que a permissão concedida não se transforme em ocasião de dúvidas até sobre acertos que você tenha feito.

EV

Passe adiante. Mesmo prestando atenção até onde posso – e me envergonho de mudar de opinião muitas vezes – nunca deixarei de vencer esta vergonha e corrigir meu erro. Principalmente quando você estende a mão para ajudar. E não é teimosia, é desejo de constância.

Nota explicativa ao capítulo 26

Como o tema vai prosseguir no capítulo seguinte, quando o professor, diante da dificuldade invencível do aluno, colocará as coisas em seus devidos termos, não faço comentário. Limito-me a informar duas coisas referentes ao texto. Primeiro, o caso do cão de Ulisses que teria reconhecido seu dono depois de muitos anos. Isso não tem nada de extraordinário, pois a memória sensível animal, por isso que é instintiva, também grava as coisas no instinto ou no hábito adquirido pela repetição, e nem mostra inteligência, nem conhecimento. Que o animal, tendo um princípio vital próprio e sensitivo, seja capaz, em plano diferenciado do vegetal, de manifestar certas formas de emoção *sensível* (nem por isso inteligente), parece provado, como diz o mesmo Santo Agostinho, em várias passagens: animal tem alma, não espírito (*De anima et eius Origine* 4,23,37; procura o que lhe agrada e repele o que desagrada (*De libero arbitrio* 1, 8,18); e ciência consta de coisas compreendidas e não se compreende algo sem racionalidade (*Contra Acadêmicos* 1, 7,19).

Segundo: o tempo de retificar, concedido ao aluno, será auxiliado pelo professor no capítulo seguinte, onde a questão é definida.

27
Razão e raciocínio

52 – AG

Mantenha amplamente a constância. Agrada-me a afirmação. E esteja atento ao que vou concluir. Primeiramente, quero sua opinião sobre a diferença entre razão e raciocínio.

EV

Não sei fazer a distinção.

AG

Então, consideremos um jovem, ou um mais adulto, um sábio, enfim, e responda: existe nele o exercício constante da racionalidade, estando em seu juízo perfeito, da mesma forma que existe saúde presente no organismo são? Ou ele emprega a razão algumas vezes, outras não, como quem anda, senta ou fala?

EV

Creio que um entendimento normal usa sempre a razão.

AG

Por outro lado, podemos chegar ao conhecimento de algo procurando coisas, por associação de ideias e até em perguntas. Parece que nós, ou alguém sábio, procede sempre assim?

EV

Nem sempre um sábio ou o homem comum procura as coisas como se argumentasse consigo mesmo, ou com outrem. Pois quem procura ainda não encontrou. Se estiver sempre procurando, jamais encontrará. O sábio já encontrou, quando mais não seja ele encontrou a sabedoria que procurava antes, quando ainda não sabia. E o fez indagando, ou por outro meio possível.

AG

Entenda logo que não é disto que falamos, da procura indagadora através de argumentos, concessões e evidências, para chegar ao desconhecido. Nem sempre um entendimento correto usa tal processo. Mas sempre usa a razão.

EV

Está bem, mas onde quer chegar com isso?

AG

Ao ponto onde você disse recentemente que temos ciência antes da razão, porque, na sua opinião, do conhecido a razão nos leva ao desconhecido. Agora concordamos em que esta passagem do conhecido ao desconhecido não se chama razão, pois assim procede a inteligência normal, de vez que usa a razão a qualquer tempo. A essa maneira de agir chamamos raciocínio, ou indagação racional. Razão é olhar da mente, e raciocínio é o exercício da inteligência, ou seja, o movimento do olhar da mente sobre aquilo que deve examinar. Essa indagação, ou raciocínio, é necessária para a procura. O olhar da mente, ou racionalidade, é necessário para ver intelectualmente.

Quando esse olhar da mente, chamado razão, dirigido a algo, é capaz de ver, chamamos ciência. Quando não consegue ver, por mais esforço que empregue, chamamos ignorância.

Pois não conseguimos ver tudo que procuramos olhar com a visão corporal, o que comprovamos facilmente tentando ver na escuridão. Deduzimos logicamente que uma coisa é o olhar (= o enfoque), outra coisa é a visão. A essas duas coisas, falando da inteligência, chamamos razão e ciência. Acaso tem algo em contrário, ou julga insuficiente o que eu disse?

EV

Gostei muito da distinção e concordo inteiramente.

AG

Que lhe parece: olhamos para ver, ou vemos para olhar?

EV

Nem um cego duvidaria de que o olhar é para a visão, e nunca ao contrário.

AG

Portanto, devemos preferir a visão ao olhar?

EV

Inteiramente.

AG

E deveríamos preferir a ciência à razão?

EV

Penso que sim.

AG

Neste caso, acha que os animais podem ser mais felizes e melhores que o ser humano?

EV

Deus me livre de afirmar uma loucura destas.

AG

E tem razão em se horrorizar. Mas suas conclusões obrigam a essa afirmação. Disse você: os animais têm ciência e não a razão. O homem, porém, tem a racionalidade, com a qual por vezes chega com dificuldade ao entendimento, outras vezes chega mais facilmente. Agora pergunto: em que seríamos superiores aos irracionais, se eles possuem a ciência, e, na sua maneira de ver, a ciência precede à razão?

Nota explicativa ao capítulo 27

O argumento que encerra o texto é chamado *"a contrario sensu"*, mostrando a contradição do aluno. Evódio prossegue confundindo percepção com ciência. Perceber é ver, ouvir, cheirar, saborear, tocar, ainda não é entender ou saber. O conhecimento é obtido racionalmente, abstraindo do sensível. O corpo vivo pode ter percepção porque quem sente é a alma através do corpo (*Solilóquios* 2,2,3). O animal sente, mas não sabe que sente, apenas experimenta a percepção sensorial. E, se disse o ensinamento agostiniano, o homem sempre usa a racionalidade (n. 52) inclusive no entendimento do sensível, somente o ser racional é capaz de ciência, ou entendimento. Se a ciência – aqui no sentido pleno de saber racional – "é conhecimento certo e universal das coisas" (a coisa e seu conceito) como está em *Contra Acadêmicos* 1,7,19 e é entendimento certo e seguro (*Solilóquios* 1,4,10), ela é certamente própria do ser humano racional.

Mais uma vez é preciso acentuar: O *circuitum nostrum* dirige-se ao próprio centro da investigação: a natureza da alma. E neste torneio de retórica, iniciado no capítulo 23, à sustentação da tese ou definição da sensação, como um dos pressupostos mais importantes.

28
O animal sente, mas não sabe disso

54 – EV

Isso me obriga a admitir que não há ciência nos animais. Também não sei como negar que haja, ainda que isso me torne inferior a eles. Por favor, explique o caso daquele cão de Ulisses, reconhecendo seu dono, muitos anos depois. Isso me deixa de tal modo confuso que receio ter "latido" em vão.

AG

Não parece que isto é uma maneira de sensação e jamais de entendimento? Ora, muitos animais superam o homem no uso de determinados sentidos do corpo, e não é esta a hora de estudar o fato. Mas Deus nos colocou acima dos irracionais, concedendo-nos a mente, a razão e o entendimento.

Ora, nos animais, os órgãos dos sentidos, favorecidos por uma força instintiva (*consuetudine*) e natural, conseguem distinguir o que lhes é prazeroso ou desagradável. E isso é tanto mais fácil para eles quanto mais a alma sensitiva está aderente à matéria do corpo. E os sentidos fazem parte do corpo, este mesmo do qual serve-se o princípio animante para o prazer do que é percebido corporalmente.

A alma humana, porém, não adere ao corpo, e pela racionalidade e a inteligência, potências superiores ao sentido corporal, é superior ao corpo, dele tende a se desligar por sua potencialidade, e se dirige mais aos bens interiores do espírito[1].

Se a nossa alma permitir que dominem os sentidos corporais, torna-se de algum modo semelhante aos irracionais, e isso explica que certas crianças de peito, ainda não chegadas à idade da razão, possam distinguir pelos sentidos corporais a presença ou o contato de suas amas de leite, e mal suportam até o cheiro de quem não lhes é familiar.

55 – Com isso passamos de um tema para outro, mas quero me demorar um pouco no assunto, que me é muito agradável. Aconselha-se à alma não se apegar aos sentidos além do absolutamente necessário. E, libertando-se das impressões sensoriais, volte-se para si mesma, renascendo para Deus. Isto significa despir-se do homem velho e se revestir do homem novo. Precisa começar por aí, porque abandonou a lei de Deus. Nada é mais misterioso do que o referido sobre isso nas Escrituras (= a falta das origens).

Muito eu gostaria de falar sobre isso. E não estaria fazendo mais que voltar a mim mesmo, fazendo-me o que disse Horácio: amigo escravo do Senhor.

Tal coisa seria impossível sem que nos façamos iguais à sua imagem, que Ele nos concedeu para que a guardemos como algo de inestimável significação. E de tal modo Ele nos concedeu o podermos ser em nós mesmos, que

---

1. Em termos da atual linguagem filosófica, mas de acordo com o pensamento deste texto, dizemos que: o princípio animante ou alma sensitiva é *inerente*, porque adere à matéria e morre com ela. A alma humana é *emergente*, como espírito que é, não adere à matéria, e tende a se desligar dela, podendo existir em si, independente do corpo. Mas foi criada para formar o ser humano completo, alma e corpo.

nada deve prevalecer senão a proximidade de Deus. Nada parece-me tão trabalhoso como isso, nada mais fácil de sofrer interrupção. A alma não pode fazer isso inteiramente sem a mesma ajuda de Deus a quem deve aderir. Por isso, o ser humano deve ser reformado pela clemência daquele cuja bondade o criou.

56 – Voltemos a nosso tema. Considera provado que os animais não possuem a inteligência, e aquela que lhes atribuímos é pura expressão sensitiva?

EV

Certamente está provado. Se alguma coisa ocorrer e me parecer necessário perguntar, voltarei ao assunto depois. Desejo saber agora o que devemos concluir de tudo isso.

Nota explicativa ao capítulo 28

O *circuitum* da argumentação agostiniana enfoca apenas de passagem o caso da alma sensitiva, ou *princípio vital* – como se denomina atualmente. Certamente o princípio vital, tanto nos seres vegetais como nos simplesmente animais (vegetativo nas plantas, sensitivo no animal), é supramaterial, mas não é espírito. E precisamente porque o animal não tem a inteligência racional, e somente possui a instintiva, precisa ter certos sentidos mais atuantes (o olhar da águia já citado, o faro do cão rastejador p. ex.) porque isso importa à sua mesma sobrevivência animal. O espírito humano, *emergente*, acima da matéria, e de natureza superior, dá ao ser humano a ciência, ou entendimento, que supera – nos recursos inteligentes e racionais – esta menor força de alguns sentidos corporais. E a alma racional humana exerce todas as atividades da vida vegetativa, sensitiva e inteligente, como será visto no capítulo 33, sendo ela a forma única, ou princípio único das atividades do corpo (*actus corporis* – na expressão da Escolástica).

29
Diferença entre ciência e sensação

AG

Que mais nos resta agora além de verificar sua defesa da definição do sensível? Antes, ressentia-se de incluir algo a mais, agora peca pelo vício oposto, não inclui todo o tipo de sensação.

É certo que os animais sentem. Mas não possuem entendimento. Ora, o que não está oculto é sabido, e saber inclui entendimento. Concordamos nisso. Logo: ou não é verdade que sensação é não se ocultar à alma o que se passa no corpo, ou não sentem os animais, desprovidos de entendimento. Mas já admitimos sensação nos animais. Neste caso a definição seria falsa.

EV

Confesso que não sei responder a isso.

AG

Não temos que nos envergonhar da definição. Lembre-se do terceiro defeito das definições e que é o pior de todos, como "o homem é um animal quadrúpede", pois é falso que o homem seja quadrúpede, como é falso que algum quadrúpede seja homem. E quem disser que isso não é falso ou é doido varrido, ou está brincando.

EV

Sem dúvida.

AG

Se a defesa da definição peca também nesse ponto (ao admitir que animal tem ciência, não tendo a razão), supõe você que exista algo mais detestável e a ser evitado no conceito da alma?

EV

Sim, mas explique logo, não fique aí me bombardeando com perguntas de todo o tipo.

AG

Não tenha receio, a questão está resolvida. Ainda não entendeu que, na distinção entre homem e animal, uma coisa é sentir e outra é saber que sente?

EV

Claro, estou mais do que certo a respeito.

AG

Mas não sentimos com a razão, sentimos com a visão, a audição, o olfato, o paladar e o tato.

EV

De acordo.

AG

Sentimos, e sabemos disso. Sabemos com o exercício da razão. Portanto, sensação alguma é ciência. O que não se ignora pertence ao conhecimento. Por exemplo, não ignorar que homem algum é quadrúpede é algo não pertinente aos sentidos.

Em conclusão – e sobre sua defesa da definição que fez sua: tal definição está acusada e convencida de invasão dos domínios alheios (dizer mais do que deve), não lhes deixar nada de próprio (falsa na inicial e na conversão), de não trazer nada propriamente seu (não definir o que deve) e apropriação do alheio (definir o que não deve conceituar).

EV

E o que farei agora? Permitirá que eu saia envergonhado do tribunal, por não ter sabido fazer a defesa? Você provocou uma questão que me conduziu a uma ideia falsa, e me deixou sem resposta. Não pude defender, mas agi de boa-fé, e isso me basta. Você trouxe uma questão para ser debatida e a seguir começou a contraditar todo o tempo, até que eu caísse vencido. Que faria agora, se eu o acusar de prevaricação?

AG

Há um juiz por aqui, que eu deva temer, seja por mim, seja pela questão?

Eu agi como jurisconsulto privado, quis instruir seu entendimento, para que, na formulação do raciocínio conclusivo, você estivesse bem-preparado.

58 – EV

Então, tem algo a dizer a favor desta definição que temerariamente confiou à minha incompetência para que a defendesse?

AG

É claro que tenho.

Nota explicativa ao capítulo 29

Evódio faz uma espécie de censura bem-humorada no final, que o professor aceita benevolente. De fato, o *circuitum* assumiu ali uma dialética cerrada, para a qual o aluno ainda não estava bem-preparado.

Termina o torneio de retórica. Como explica o professor, não estava induzindo o aluno ao erro, ou querendo complicar, desejava ensinar a Evódio como é que se aprende, através do próprio raciocínio e não somente na aula dos outros. E, dada a dificuldade do amigo, resolverá logo a questão no início do capítulo seguinte. Evódio era inteligente, e provou isto mais tarde, já como bispo de Uzala, escrevendo duas obras na controvérsia do tempo, que mostram um espírito bem-preparado intelectualmente, obras que, na Antiguidade, chegaram a ser atribuídas a Agostinho.

30
Não é por sentir em todo o corpo que a alma está difundida por ele

EV

Explique sobre a definição.

AG

Ora, ainda que sensação seja uma coisa, e ciência ou entendimento seja outra, o fato de não ser a coisa oculta à alma é comum nos dois casos. E da mesma forma que é comum ao homem e ao animal serem *animados*, também diferem muito um do outro.

Tudo o que é percebido pela alma, seja diretamente nas potências do organismo, seja pela dedução da inteligência, não lhe é oculto. No primeiro caso chama-se sensação, no segundo é ciência.

EV

Então fica seguramente comprovada a definição?

AG

Certo que fica.

EV

Onde foi que errei?

AG

Quando perguntei se tudo que não se oculta à alma é conhecido. E você temerariamente disse que sim.

EV

E o que deveria ter respondido?

AG

Não dizer imediatamente que tudo não oculto à alma é conhecimento. Mas distinguir: é conhecimento quando entendido racionalmente. Pois, o que se percebe por meio do corpo, e é conhecido diretamente como atuação corporal, chamamos sentir. Ou ignora você que alguns profundos filósofos opinaram exatamente assim, dizendo que o nome de ciência não deve ser aplicado ao que a mente pode perceber, senão quando seja compreendida pela inteligência, sem que esta visão intelectual possa de algum modo ser dispensada[1].

59 – EV

Aceito agradecido tudo isso. E agora peço, depois que explicou tão sutilmente o que é sensação, voltemos à questão que provocou esta sequência explicativa.

De fato, eu trouxe um argumento, tentando provar que a alma se estende pelo tamanho do corpo, por sentir em qualquer parte tocada do mesmo corpo, da cabeça à

---

1. Santo Agostinho está se referindo exatamente a Sócrates, Platão e os platonianos (cf. o livro 8 de *A Cidade de Deus*, onde ele trata da visão da filosofia grega).

ponta dos pés. Daí passamos, talvez necessariamente, ao estudo demasiado longo, definindo a sensação. Agora demonstre, se está de acordo, qual o fruto desse trabalho.

AG

Há muito proveito realmente, porque conseguimos tudo o que desejávamos. De fato: se sensação é a experimentação do corpo conhecida em si mesma e diretamente pela alma, está demonstrado aquilo que você deseja saber, ainda com sua opinião de que falamos demais. Recorda o que dissemos, no fato dos olhos sentirem, melhor ainda, sofrerem a impressão do lugar onde não estão?

EV

Estou lembrado.

AG

Ora, o corpo, devido a uma certa união com a alma, pode sofrer algo ali onde não está. E se isto acontece com os olhos, vamos supor talvez que a alma, capaz de dar tal potência aos olhos, seja tão limitada e impotente, a ponto de não lhe ser oculta a impressão do corpo, seja onde se toque, sem que a alma tenha que estar ali onde se produz a impressão?

60 – EV

Esta conclusão me deixa impressionado. Tanto que, nem sei o que responder, como já não sei onde estou. Que devo dizer? Que não é sensação quando a percepção do corpo não se oculta a alma em si mesma? E que outra coisa seria senão isso mesmo? Que os olhos nada experimentam quando olhamos? Isso é absurdo. Que os olhos sofrem a impressão ali onde estão? Mas nem podem ver a si próprios, e não existe mais nada no lugar em que se encontram. Que a alma, sendo potência dos olhos, não é mais poderosa que eles? Nada seria mais idiota. Ou terei que afirmar isso: que é mais potente sofrer a impressão ali onde se está que onde não está? Mas, se tal coisa fosse verdadeira, a vista não seria o sentido principal.

AG

E então? Os olhos podem sofrer no lugar em que estão, por um golpe, um corte, ou dos humores do órgão. E isso não se chama visão, e sim tato, e não se oculta à alma. Entretanto, até um corpo morto pode padecer tais coisas, por mais que falte a alma, que sentiria tudo se estivesse ali. O que o olho pode receber e sofrer como impressão, sentindo a alma, ou seja, o que experimenta na visão, é isso unicamente o que poderia sofrer ali onde não está.

Diante disso, quem não percebe que a alma não está circunscrita no espaço do corpo? Pois o olho, sendo corpo, pode experimentar algo no lugar onde não está, e não o faria sem a alma.

61-EV

E que faço agora? Com estas razões trazidas não se estaria provando que a alma não está no corpo? E se tal coisa fosse verdadeira, já nem saberia onde estou. Pois ninguém me tira a ideia de que eu mesmo sou alma.

AG

Não se deixe perturbar, e fique tranquilo. Este seu pensamento e conclusão faz pensar em nós mesmos, e, até onde possível, nos afasta do corpo.

E se lhe parece, por acaso, que a alma não está no corpo vivo e animado – e por mais que lembre o absurdo –, pode ter certeza de que tal ideia já foi lançada por alguns filósofos. E esta é questão sutilíssima, como é fácil de entender. E para compreender é preciso adestrar bastante a inteligência. Agora, procure outro argumento para dizer que a alma se estende pelo corpo, e que tem largura, comprimento, ou coisa parecida. Porque a ideia do tato, em cada parte do corpo, nem é verdadeiro como prova da dimensão da alma, nem demonstra que ela esteja espalhada no corpo como está o sangue. E se não tem nada para acrescentar vamos prosseguir.

Nota explicativa ao capítulo 30

No livro *Solilóquios*, livro 2, capítulo 20, n. 35, Santo Agostinho, falando da percepção do inteligível, como superior à sensível, e não limitada no espaço, dá o exemplo do círculo: se, de um ponto central imaginado, traçamos mil retas (raios) da direção da periferia do círculo, em espaços tão pequenos que a vista não conseguiria ver (infinitesimais), a inteligência poderia "ver" mentalmente tal hipótese como algo real. Ora, aplica-se aqui a analogia: se o ponto imaginário pode distar mil e tantas vezes da linha circular, como "estando" ao mesmo tempo em cada ponto tocado pelas retas, sem estar em nenhuma delas apenas, a alma, potência imaterial, pode estar em cada parte do corpo (e inteiramente), estando no corpo inteiro de uma só vez, sem estar limitada de modo algum pelo espaço do corpo. Ou seja, a alma está no corpo pela sua atuação, e nunca pela sua "dimensão". A expressão "estar no corpo" já foi usada até por São Paulo (que tem mais filosofia do que se pensa), numa passagem de Atos 20,10. A alma não se "localiza" no corpo, mas *está* ali. Não se limita pelo corpo, mas dá vida ao corpo.

Esta matéria foi desenvolvida em altíssima metafísica por Santo Agostinho no *De inmortalitate animae* 16,25; e em referências no *De Ordine* 2,11,31-32 (sobre a racionalidade).

31
As partes cortadas do corpo de certas lagartas mostram movimento. Isso comprova que a alma se estende pelo corpo?

62 – EV

Nada teria a dizer, se não lembrasse de uma coisa vista na infância: eu via saltarem as caudas cortadas das lagartixas, depois de separadas do corpo. Não posso admitir de maneira alguma que tal movimento se realize sem alma. E não consigo entender, neste caso, como a alma não tem extensão, se pode ser dividida com o corpo.

AG

Poderia inicialmente dizer que o ar e o fogo, elementos que tendem a subir, e se conservam de algum modo no corpo pela presença da alma, na harmonia dos quatro elementos, uma vez separada a alma, tendem às regiões superiores, e tais elementos movem aquele pedaço do corpo, tanto mais rapidamente quanto deixam o corpo, saindo pela ferida. Logo depois, o movimento cede e morre, torna-se cada vez menor, até sumir de todo.

Entretanto, um fato que vi com meus próprios olhos me afasta dessa interpretação. E o vi mais tarde do que poderia pensar, ainda que no seu devido tempo.

Estando em passeio de férias escolares, na região da Ligúria, com dois alunos (Trigécio e Licêncio) que me acompanhavam, aconteceu que, estando eles recostados à sombra de uma árvore, observaram um animalzinho de muitas pernas e que rastejava, um tipo de lagarta. É bastante conhecido, e naquela hora eu tive uma experiência ainda não conhecida.

Um deles, que tinha um estilete, dividiu a lagarta em duas parte. Pois as duas metades, a partir dali, seguiram em direções opostas, e com tal ímpeto e movimento, como se fossem dois animais diversos. Surpresos com o fato, e interessados em sua causa, trouxeram alegremente os dois pedaços vivos até onde eu estava sentado junto com Alípio, que também nos acompanhava. E, muito admirados, observamos aqueles dois pedaços correrem como podiam sobre uma tábua onde os colocaram. Uma das partes, tocada com a ponta do estilete, revolvia-se na dor, enquanto a outra se movia em lugar diferente sem nada sentir. E mais ainda: resolvemos saber até onde chegaria isso, e dividimos o animalzinho, ou as suas metades, em muitas partes. Todas se moviam de tal maneira que, se não fosse feito por nós mesmos, e visíveis as feridas dos cortes, chegaríamos a crer que cada um tinha nascido separadamente e com vida própria.

63 – Envergonho-me de falar agora o que disse aos jovens, que esperavam de mim uma explicação. Já avançamos tanto (no entendimento das coisas) que, se não explico atualmente as razões daquele tempo (antes da conversão), nosso grande esforço, firmado numa prática frequente, pareceria anulado por uma simples lagarta ou centopeia. Mandei que seguissem o curso dos estudos iniciados, e assim chegariam um dia, no instante oportuno, a indagar e aprender tais coisas.

Mas, se quisesse expor o que disse particularmente a Alípio, quando ambos, cada um a seu modo, recordamos, conjeturamos e lembramos, diria muito mais do que agora, neste diálogo, já foi dito, em tantas digressões e debates.

Não escondo, porém, o que sinto. Se eu já não soubesse muita coisa que se discute sutilmente e de modo difícil sobre o corpo, em relação à espécie, lugar e tempo, inclusive sobre tal questão, teria sido tentado a concordar com os que dizem ser a alma um corpo.

Por isso, enquanto posso, aconselho a que não se precipite irrefletidamente nos livros e nas discussões dos menos competentes, e charlatães, que dão crédito demasiado aos sentidos do corpo. Siga os passos que conduzem a alma para Deus, para não ser afastado um dia daquela morada da alma, à qual agora, ainda peregrina, ela se dirige, separada das coisas materiais pelo estudo e o trabalho, não sendo vencida pela ignorância e a ociosidade.

64 – Por enquanto, sobre a questão que o deixa intrigado, escute o que é mais breve de dizer, não exatamente o mais sólido argumento. E não o que me parece o argumento mais provável, mas o que pude escolher como o melhor para você.

EV

Peço que diga logo.

AG

Primeiramente: se parece muito oculta a causa desta divisão de certos corpos, não há razão para nos inquietar ao ponto de achar falsas todas as coisas ditas até agora, e que parecem mais claras que a luz.

Pode acontecer que a causa deste fato seja desconhecida para nós, na natureza humana. Ou que algum homem a conheça, e ainda não seja possível interrogá-lo sobre isso. Ou ainda porque, mesmo com a nossa capacidade intelectual, a resposta ainda não satisfizesse. E, por causa disso, devemos abandonar o que segura e racionalmente aprendemos em contrário (a alma não se divide) e já consideramos verdadeiro?

Porém, permanecendo íntegro tudo que já aprendeu sendo indagado, não há nada para temer infantilmente por causa de um vermezinho, mesmo não podendo saber a causa da multiplicidade das partes divididas no caso particular.

Usarei uma comparação: se você estivesse convencido seguramente da honestidade de certa pessoa, e a encontrasse casualmente na companhia de ladrões perseguidos por você, ignorando-se a causa de tal sociedade, o que pensaria? Se tal homem morresse subitamente, antes de poder falar alguma coisa, de modo a ficar inexplicada a causa, você sempre imaginaria algum motivo justificável, antes de imaginar uma intenção criminosa em quem sabia ser homem honesto.

E então? Por que não pensar que há uma razão natural – excetuada a divisão da alma – permitindo a vida naquelas partes divididas do animalzinho? Ora, de tantos argumentos antes referidos, e por você mesmo comprovados, está demonstrado que a alma não ocupa lugar no espaço, nem está limitada a nenhum tipo de quantidade como estão os corpos. Se não podemos saber a causa, devemos opinar pelo sentido da verdade dos argumentos, não de sua falsidade.

Nota explicativa ao capítulo 31

Certos organismos rudimentares (e precisamente por serem inferiores) permitem este tipo de divisão, mas as partes separadas não sobrevivem por muito tempo, e logo morrem. Foi dividida a matéria viva, mas não a vida animante desta matéria.

O exemplo do homem honesto invoca uma regra do direito do tempo, e mantida até hoje: todo homem é inocente, até que se prove o contrário. E ignorar a causa do fato não é prova de culpa, nem de inocência, sendo que esta prevalece até prova contrária. Evódio foi militar antes da conversão (foi batizado pouco antes de Santo Agostinho, em Milão). Sendo um ex-militar, conhecedor das operações policiais do tempo, entendia bem o exemplo.

O fato referido sobre os estudantes (Trigécio e Licêncio) deve ter sucedido nas férias escolares de 384, antes da conversão de Santo Agostinho (é o que supomos da carta 32 da correspondência agostiniana). Daí a sua referência ao que pensava antes e o que pensa agora.

No capítulo 32 o autor vai dar sua interpretação.

32
As partes de certos corpos animais divididos podem viver sem que por isso se divida a alma

65 – AG

Vejamos agora: quando pronunciamos uma palavra, não é uma coisa o som produzido, e outra o significado transmitido?

EV

Penso que é uma só coisa.

AG

De onde procede o som da fala?

EV

Quem ignora que é de nós mesmos?

AG

E o sol procederia de você quando pronuncia o nome deste astro?

EV

Perguntou sobre o som, não sobre a coisa.

AG

Logo, uma coisa é o som da palavra, outra o significado. Mas você disse que eram a mesma coisa.

EV

Está bem, concordo em que uma coisa é o som da palavra e outra o significado.

AG

Você poderia pronunciar a palavra *sol*, transmitindo um significado, sem saber antes o que ela significa?

EV

Não poderia.

AG

Se, antes de falar, estivesse calado um instante, já não estaria em seu pensamento aquilo que seria escutado por outrem ao ser dita a palavra?

EV

Evidentemente.

AG

E então. Sendo tão grande o sol, devemos imaginar comprida, ou larga ou algo parecido a ideia em sua mente antes de dizer a palavra?

EV

De maneira alguma.

Observe agora: quando o nome do sol procede de sua boca, e eu o imagino, escutando a palavra, pensada e pronunciada por você, ela é imaginada a um só tempo por nós dois. Não parece que tal nome recebe de seu pensamento um significado transmitido para mim através da audição?

EV

Certamente.

AG

Esse nome consta de um som e um significado. O som pertence à audição, o significado ao pensamento. Não parece que isso poderia ser aplicado por comparação com o ser vivo, sendo o som um corpo, e o significado como que a alma da palavra?

EV

Nada mais parecido.

AG

O som desta palavra poderia ser dividido no sentido das letras que o constituem, mas sua significação, ou sua alma, não pode ser dividida. Como já definimos antes, alma não tem dimensões.

EV

Inteiramente de acordo.

AG

Separadas as letras – (ou fonemas) – uma por uma, sucederia a perda ou separação do significado, por esta divisão do corpo, o que poderíamos chamar de morte do nome.

EV

Não apenas concordo, mas o faço muito interessado, pois nada me agrada tanto como esta reflexão.

67 – AG

Se lhe agrada esta comparação por analogia, e já entendeu que dividido o corpo não se divide a alma, suponhamos agora a hipótese de sobreviverem de algum modo as partes do corpo, sem que a alma seja dividida. Já admitiu corretamente que o significado é a alma, e o som é o corpo da palavra, por comparação. E na pronúncia de uma palavra nunca podemos dividir o significado, mas o som pode ser parcelado (ao menos na divisão silábica). A palavra sol tem uma única sílaba e a divisão das letras não deixaria significado algum. Separadas as letras, o corpo da palavra estaria morto, para usar a expressão. Mas, se tivermos uma palavra que possa dividir-se em duas outras, conservando cada uma um significado próprio, verá que a separação não é morte absoluta, pois as partes separadas significam algo, como se o corpo continuasse vivo naquelas partes.

EV

Admito sem dúvida. E peço que exemplifique logo com a palavra.

AG

Já direi. Quando penso no sol, ocorre-me a palavra latina indicadora de sua proximidade *Lúcifer* (= que traz luz), a estrela da manhã.

Dividida a palavra entre a segunda e a terceira sílabas, encontramos significação na primeira parte *luci* (a luz), estando "viva" tal palavra no corpo de duas sílabas.

Também a última parte *fer* (traz), tem significado, e o sabemos ao pedir que nos tragam algo. Como poderia então agir alguém se não soubesse o que quer dizer *fer*, quando lhe pedem alguma coisa? Unidas são *Lúcifer* (o planeta Vênus). E, divididas, *luci* e *fer* significam algo, conservando a "vida".

68 – E como todas as coisas que podemos perceber estão relacionadas no tempo e no espaço, o que sentimos com os olhos divide-se no espaço, o que sentimos com o ouvido divide-se no tempo.

Da mesma forma que aquele animalzinho ocupava inteiro um espaço maior que a sua parte, também há maior duração de tempo na pronúncia de *Lúcifer* que na de uma parte como *luci*.

Portanto, se pelo significado dizemos que uma palavra vive na redução do tempo de pronúncia da divisão das sílabas, também não está dividido o significado (o que tem tempo é o som, não a significação).

Da mesma forma, cortado o corpo daquela lagarta, ainda que a parte viva em menor espaço, a alma não foi reduzida no espaço, nem dividida. Ainda que o princípio vital sensitivo – ou alma – dava animação antes à extensão inteira do corpo, e não ocupava um maior espaço. Alma não ocupa o espaço, e sim o corpo animado por ela. Assim como o significado de uma palavra não se estende no tempo, e sim os sons duráveis, como corpo animado, por analogia.

Peço que se limite a esta comparação, por enquanto, se lhe agrada. O que ainda poderia ser dito a respeito e pode ser discutido amplamente, de modo a satisfazer, não por comparação, mas pela evidência da verdade demonstrada, ainda não posso ensinar. Porque devemos terminar o assunto atual, já bastante ampliado. E sua mente deverá se acostumar a outras noções necessárias para entender isso que autores muito ilustres já ensinaram: que a alma não se divide em si mesma, mas o seria, por assim dizer, no corpo[1].

69 – E se está de acordo, aceite comigo a noção da grandeza da alma, sem extensão, lugar ou tempo, mas por sua potência e virtude própria, e isso estamos demonstrando desde o início.

Quanto ao número das almas (sua identificação e individualização), tema que você entende ser pertinente ao assunto da potência da alma, não sei como responder. Nem deve ser proposto ainda. Deverá esperar para mais tarde. Fique assentado, porém, que a distinção numérica das almas e sua multiplicidade não é coisa referente à quantidade, e não posso ainda responder ao assunto.

Se eu disser que é uma só (não há distinção) você se perturbará, pois um é bem-aventurado, outro desgraçado, e uma coisa não pode ser e não ser ao mesmo tempo. Se disser que ao mesmo tempo é uma e variada, você achará graça, e não poderei impedir. Se disser que simplesmente é vária, eu acharei graça, e me seria desagradável pessoalmente, mais que em relação a você.

Escute o que deve esperar de mim: o que é desagradável para os dois ou para cada um a ponto de nos perturbar, por causa da dificuldade, não se deve impor ou suportar.

EV

Aceito plenamente. Espero que me diga a seguir, dentro do que me é mais adequado, e podendo ser entendido: qual o poder da alma?

---

1. A vida em si não se divide, mas o corpo animado sofreu uma divisão ocasional. A mesma vida, que anima o corpo inteiro, anima as partes do corpo rudimentar da lagarta. Daí a expressão não se divide em si mesma, mas no corpo.

Nota explicativa ao capítulo 32

Esta analogia aproveitando o som da palavra e o significado já foi usada em outra apropriação no *De Musica* (livro 6, capítulo 7), como seria usada depois no *De Magistro* capítulo 4.

Na filosofia agostiniana *tempo* e *espaço* são coisas reais, e não ideias abstratas. O tempo é inerente ao ser criado, e não há tempo onde não há criatura, como não há criatura sem tempo. E o espaço indica a limitação e localização do ser criado (*Gênesis à letra* 5,5,12; *A Cidade de Deus* 11,6). A moderníssima definição de matéria, a de Einstein, de que "matéria é tudo o que está sujeito à relação espaço-tempo", coincide com a de Santo Agostinho. Por isso está dito (n. 68): o que sentimos com os olhos divide-se no espaço, o que sentimos com os ouvidos divide-se no tempo.

A resposta do n. 69, sobre o número das almas (sua individualização), será explicada ao leitor no Suplemento, após o livro.

33
O poder da alma sobre o corpo, nela mesma, e diante de Deus, nos sete graus de sua magnitude

70 – AG

Quem dera podermos perguntar essas coisas a um sujeito muito sábio, e que também fosse eloquente, e homem perfeito na virtude. Imagino o que ele poderia nos ensinar, explicando sobre o poder da alma no corpo, em si mesma e diante de Deus, de quem ela, enquanto se mantém na virtude, está muito próxima, e nele tem todo o bem e o sumo bem.

Mas, faltando alguém aqui que nos ensine, atrevo-me a não decepcionar a sua vontade de saber, e isso é de algum modo um exemplo do que pode a alma, quando eu experimento assim até onde posso saber.

Inicialmente, limite sua expectativa, nem suponha que vou falar tudo sobre a alma (ou que inclua os princípios vitais vegetativo e sensitivo), mas falarei somente da alma humana racional, a única digna de referência, se é que nos preocupamos conosco mesmos.

Primeiro grau

A alma, como podemos ver em todos os seres humanos, vivifica com sua presença este corpo terreno e mortal, ela o unifica, e o mantém organizado como corpo vivo, e não permite que se dissolva nos elementos de sua composição orgânica. Faz com que os alimentos sejam igualmente distribuídos na conservação de todo o organismo, conserva a harmonia e proporção dos membros, não só em sua aparência, como no crescimento e reprodução.

Mas estas coisas podem ser entendidas como comuns aos homens e às plantas (= vida vegetativa), pois vemos e sabemos que as espécies vegetais conservam suas estruturas, também se alimentam, e reproduzem segundo a sua espécie.

71 – Segundo grau

Suba mais um pouco e contemple o poder da alma em relação à vida sensível, onde o viver é manifesto de modo mais evidente. E não devemos dar atenção a não sei que tipo de impiedade, inteiramente bruta, e mais de madeira que as plantas, cujos defensores dizem que a videira sofre quando se colhem uvas, ou que a planta sente o corte dos ramos, inclusive escuta e vê. Não é hora de falar de tal erro sacrílego[1].

Como eu tinha proposto, observaremos o poder da alma humana sobre os sentidos corporais e sobre o movimento do corpo, naquilo que este corpo é animado, e sob tais aspectos nada temos a ver com as espécies que fixam raízes no solo.

Concentra-se a alma no tato, e por meio dele sente e identifica o quente e o frio, o áspero e o suave, o duro e o macio, o leve e o pesado. E saboreando, cheirando,

---

1. Referência à doutrina maniqueia.

ouvindo e vendo, distingue diferenças inúmeras de gostos, cheiros, sons e formas. Apetece ali o que lhe agrada à natureza corporal, repelindo o que desagrada. Por algum tempo se retira dos sentidos, reparando as forças no descanso, onde deixa correr livremente a imagem das coisas obtidas pelos sentidos, e o faz no sono e nos sonhos. Através do exercício, movimenta-se prazerosamente, compondo a harmonia dos membros. Enquanto possível, procura a união dos sexos, e da natureza de dois faz uma só, no amor e na sociabilidade. Não só gera filhos, como os abriga, protege e alimenta. Acostuma-se ao meio ambiente, e às coisas que lhe sustentam o corpo, das quais dificilmente quer se afastar, como se fossem uma parte sua. E à força do costume, que nem a separação das coisas impede, chama-se memória (sensível).

Ainda assim, ninguém pode negar que os irracionais também fazem todas estas coisas sensíveis (vida sensitiva).

72 – Terceiro grau

Suba mais um grau, e chegue ao terceiro, este próprio do homem. Pense na lembrança de coisas inumeráveis, não decorrentes apenas do costume, ou dos hábitos repetidos, mas da intenção aplicada nas coisas intencionalmente pretendidas, e na conservação de tantas coisas obtidas. São muitas variedades de artes e técnicas, no cultivo dos campos, na construção de cidades, e realizações de todos os tipos de grandezas produzidas. Invenção de tantos signos representativos, na escrita, nos gestos e na palavra proferida. Em todos os sons criativos, como na pintura e na escultura, na variedade de idiomas, nas instituições sociais, em tanta coisa nova surgida sempre, como na recuperação de outras. Na variedade de livros, e em todos os monumentos erguidos e entregues ao cuidado das gerações futuras. Na variedade de ocupações, nos poderes constituídos, nas honras e dignidades, seja na família como na sociedade. Nas cerimônias profanas e sagradas, na paz e na guerra, e tudo produzido pela humana potência de raciocínio e imaginação. Pense na caudalosa produção oratória, na arte poética, e muitas outras criações destinadas à diversão, aos esportes, à prática musical, a precisão da arte de calcular, e as conjecturas do futuro a partir das realizações do presente.

Grandes são estas coisas e próprias somente do ser humano. Ainda assim, serão comuns aos estudiosos e aos ignorantes, aos bons e aos maus.

73 – *Quarto grau*

Passe ao quarto grau, onde começa a bondade e o louvor verdadeiro. Aqui a alma ousa sobrepor-se não somente ao corpo – que é parte integrante do universo –, mas ao mesmo universo. Não considera coisas suas os bens deste mundo, aprende a estimar sua potência e beleza acima destes bens, pois distingue os valores, e menospreza os bens apenas terrenos. Quanto mais aproveita o uso destes bens, tanto mais deles se afasta, libertando-se de toda a imperfeição, fazendo-se mais pura e mais perfeita, fortificando-se contra tudo o que pode afastá-la do seu propósito e decisão. Aprecia o convívio social, não deseja a outrem o que não quer para si mesma, obedece à legítima autoridade e aos preceitos dos mais sábios, reconhecendo que Deus fala por meio deles.

Nesta nobre atividade da alma existe ainda muito esforço e muita luta contra os empecilhos e seduções do mundo. No mesmo esforço pela sua purificação, existe ainda um certo medo da morte, pequeno às vezes, e muito grande em certos casos. Mas deve crer seguramente que todas as coisas estão sob a guarda e providência justa de Deus, e não há morte acontecida sem justiça, mesmo quando causada pela maldade humana (e somente às almas inteiramente purificadas é dado ver como isso é verdadeiro). Mas se teme a morte a este ponto, já estando no quarto grau, ou será por ter uma fé ainda fraca na providência justa, ou por menor tranquilidade interior – necessária para entender o que parece difícil – ou porque a tranquilidade é perturbada pelo medo.

Progredindo neste grau, ela conhece sempre mais a diferença entre a alma purificada e a pecadora, e tanto mais receia que, deixando esse corpo, menos a possa Deus suportar manchada, que ela a si mesma nesse estado. E não há nada mais difícil que temer a morte e afastar as ciladas do mundo, como exigem as situações perigosas decorrentes.

Mas é tão grande a alma, que pode fazer tudo isso com a proteção de Deus sumo e verdadeiro, cuja justiça conserva e governa o universo. E tal justiça conservadora faz com que as coisas não somente existam, mas existam numa forma que não pode ter outra melhor[2].

Encomenda-se a Deus, piedosa e confiante, para que Ele ajude seu aperfeiçoamento, no difícil trabalho da purificação.

74 – Quinto grau

Uma vez chegada ali, isto é, estando a alma livre de toda imperfeição, e purificada de seus pecados, alegra-se finalmente nela mesma, nada mais teme, nem se intranquiliza por coisa alguma, a menor que seja, nos assuntos interiores.

Este é o quinto grau. Uma coisa é procurar a pureza de coração, outra coisa é já ter atingido esse estado. Coisa distinta é a ação com que ela mesma se purifica do mal, outra coisa é não consentir mais no pecado.

Nesse estado ela pode entender plenamente sua grandeza, e, estando convencida, tender realmente para Deus,

---

2. Esta é a doutrina providencialista agostiniana, mantida em toda a sua obra (*De Ordine* 1, 10, 28; *Gênesis letra* 1, 8, 14; *A Cidade de Deus* 7, 30, 11, 6, 12, 5, para citar apenas esses textos).

com imensa e inaudível confiança, ou seja, tender à contemplação mesma da verdade, e ao altíssimo e secretíssimo prêmio pelo qual se esforçou tanto.

75 – Sexto grau

Mas a tendência a compreender aquilo que realmente é a alma, e o é de modo mais sublime, vem a ser também a mais alta expressão da alma, e nada existe mais perfeito, melhor e mais correto. Este é o sexto grau de sua atividade. Uma coisa é purificar o olhar da mente, para não olhar inútil e temerariamente, na visão errada. Outra coisa é conservar e reafirmar a sua integridade moral. E outra ainda é dirigir o olhar da mente de modo sereno e adequado ao que deve ser visto.

Os que tentam fazer isso sem antes estarem purificados e íntegros são ofuscados pela mesma luz da verdade, a ponto de desacreditarem em algo de bom, e na mesma verdade. E censurando a medicina da purificação, refugiam-se em alguma paixão ou prazer miserável, nas trevas a que esta enfermidade os obriga. E por isso diz o profeta muito acertadamente e por divina inspiração: "Cria em mim, ó Deus, um coração puro, e renova em minhas entranhas o espírito de retidão" (Sl 50,12).

Entendo que espírito de retidão é o que impede a alma de se desviar e falsear na procura da verdade. E ele não se renova se ela antes não tiver a pureza, ou seja, se o pensamento não se afasta antes de toda paixão, purificando-se do ranço das coisas mortais.

76 – Sétimo grau

Certamente é a mesma visão e contemplação da verdade o que constitui o sétimo grau, o mais elevado grau da alma, e já não é um grau, é certa mansão ou morada onde se chega através dos graus.

E nem sei com que palavras dizer das alegrias do bem supremo e verdadeiro, ou que inspiração terá a alma em sua serena eternidade. Grandes almas e de insuperável santidade falaram nisso, quando julgaram oportuno. Cremos que também viram tudo isso, e continuam vendo eternamente.

Ouso dizer isso de modo claro. E se nos conservarmos no rumo que Deus manda seguir, e ali mantivermos a constância, chegaremos pelo poder divino à Sabedoria de Deus, Virtude de Deus, suprema causa e supremo autor, princípio supremo de todas as coisas, seja como for o modo que usamos para falar de algo tão elevado.

Entenderemos então como são verdadeiras as coisas nas quais nos mandaram crer, e como a Igreja nos alimentou saudavelmente como nossa mãe, e qual o proveito do leite da doutrina que São Paulo diz ser dado aos pequenos (1Cor 3,2). Quando alguém ainda precisa do leite materno, é útil receber tal alimento. Seria vergonhoso depois de crescido. Desprezá-lo quando se precisa dele é lamentável. Criticar o alimento ou detestá-lo é criminoso e ímpio. Porém, conservar e distribuir convenientemente o alimento é louvável prova de amor.

Veremos também que a natureza corpórea sofre mudanças e dificuldades, obedecendo neste mundo à lei divina, mas cremos na ressurreição da carne, na qual alguns acreditam muito pouco, e outros negam, mas a temos como absolutamente certa, mais que a certeza de que o sol do ocaso nascerá novamente no outro dia.

Mas existem os que ousam zombar da humanidade de Cristo, assumida pelo poderoso, eterno e incomutável Filho de Deus. E a estes desprezamos, como a crianças que, vendo um artista que reproduz imagens gravadas, imaginam que só podemos pintar uma figura humana copiando de uma outra.

É tão grande a alegria de contemplar a verdade, seja sob que aspecto a contemplemos, é tamanha a perfeição, a fé inabalável nas coisas verdadeiras, que ninguém suporá ter sabido realmente alguma coisa antes, ao supor saber algo, sem ter contemplado a verdade ela mesma.

E para que a alma não seja impedida de se unir completamente à verdade, desejaria então – como recompensa suprema – a morte que antes temia, ou seja, desligar-se totalmente deste corpo.

Nota explicativa ao capítulo 33

Propriamente o *circuitum nostrum* atinge sua meta, a verdade existencial do espírito humano, a natureza da alma. Aqui já não se impõe o método socrático, nem há perguntas, mas uma exposição magistral. É aquilo que um filho espiritual do santo Doutor, o Frei José Moran, OSA, chamou de *teologia ascética* (nota 46 ao livro 22 de *A Cidade de Deus*, vol. 16-17 da BAC, p. 1.727).

Define-se que a alma humana exerce todas as atividades da vida vegetativa, sensitiva e racional (princípio único, ou forma única). E gradua-se a potência e a atividade da alma no crescimento da virtude – tese agostiniana como já foi comentado várias vezes, uma virtude que é tornada eficaz pela graça divina.

No capítulo 35 o mesmo Santo Agostinho fará o comentário em forma de paráfrase interpretativa destes graus.

34
Somente Deus é superior à alma e somente Ele deverá ser adorado

77 – Ouviu sobre a força e o poder da alma. E num breve resumo: ainda confessando que a alma humana não é o mesmo que Deus, temos que deduzir que nada criado está mais perto de Deus.

Por isso é ensinado por divina inspiração, e de modo muito particular na Igreja Católica, "que a alma não adorará criatura alguma" (e uso de boa mente as mesmas palavras com que fui ensinado sobre tais coisas), e somente deve adorar o Criador de todas as coisas que existem, e de quem, por quem e em quem todas elas podem existir, princípio imutável, sabedoria imutável, amor imutável, um só Deus verdadeiro e perfeito, que sempre existiu e sempre existirá, jamais existiu de outra maneira e nunca existirá de outro modo. Nada existe mais oculto nem mais presente que Ele. Dificilmente se diria onde está, mais dificilmente onde não está. Ninguém poderia existir do mesmo modo que Ele, nada pode existir sem Ele. E se houver coisa ainda mais admirável para dizer, poderíamos afirmar tal coisa sobre Deus, de modo conveniente e adequado.

É este o único Deus que a alma deve adorar, sem dele dizer nada falso ou menos verdadeiro. Aquele que a alma adora como Deus tem que ser necessariamente considerado por ela como superior ao espírito humano. Nem a terra imensa, nem o oceano, nem as estrelas ou a lua, nem o sol, nada absolutamente do que podemos ver ou tocar deve ser entendido como superior à alma, e nem as mesmas regiões superiores do céu criado, que não podemos ver, nem isto devemos entender como superior à natureza da alma. A razão nos convence de que todas estas coisas são inferiores a qualquer alma, se é que os amadores da verdade se atrevem desde agora a seguir firme e seguramente a mesma verdade, mesmo quando nos conduz por caminhos inusitados e difíceis.

78 – Se existe na natureza alguma coisa não percebida pelos sentidos e capaz de existir em algum espaço, também a tais coisas é superior a alma humana. Se existir alguma coisa criada por Deus neste universo, e por nós ainda desconhecida, ela será em parte igual, e em parte pior que a alma. Pior, como é a alma sensitiva dos animais. Igual – enquanto natureza espiritual – como são os anjos[1].

Somente a Deus devemos adorar como único autor de todas as coisas, e também da alma. Mas qualquer ser humano, ainda que sapientíssimo e perfeitíssimo, e qualquer alma racional há de ser apenas amada e imitada, dando-se a cada um o que lhe é devido, segundo a ordem e o merecimento. Porque "somente ao Senhor, teu Deus, adorarás e servirás" (Dt 6,13; Mt 4,10).

Sabemos que, enquanto nos é possível e foi preceituado, devemos ajudar às almas de nossos semelhantes que se encontram no erro, e nas aflições, de tal maneira que, praticando devidamente isso, acreditemos ser o mesmo Deus quem age por nosso intermédio.

---

1. A angelologia, ou teologia da natureza angélica, não estava muito desenvolvida no tempo. Na verdade, como natureza, a angélica é superior à nossa. Mas esta afirmação agostiniana era comum naquele tempo, nos grandes nomes da Patrística.

Nada desejemos como nosso, pelo desejo da vanglória, como enganados por ele. Com este vício somente cairemos do mais elevado ao mais baixo. Não odiemos os oprimidos pelo vício, e sim o mesmo vício. Nem aos pecadores, e sim aos pecados. Devemos sempre auxiliar a todos, inclusive a quem nos prejudica, e quer nos fazer mal, ou que outrem nos faça o mal.

Esta é a verdadeira, perfeita e única religião, e corresponde à grandeza da alma, à qual nos referimos, pela qual deve reconciliar-se com Deus fazendo-se digna da liberdade. Pois Deus, a quem somente devemos servir e agradar, é a verdadeira liberdade, perfeita e única que nos liberta de todos os males.

Assim, eu quase ultrapassei os limites do que tinha proposto, e, sem lhe fazer pergunta alguma, falei demoradamente de muitas coisas, e não me arrependo disso. Estando tais coisas presentes em tantos livros na doutrina da Igreja, pareceu conveniente reuni-las numa só lembrança. E poderão ser perfeitamente entendidas por quem trabalhando decididamente na virtude a partir do quarto grau, conservando o espírito de piedade, e adquirindo vigor espiritual e força para chegar ao mais perfeito, indague de modo diligente e sábio sobre cada coisa em particular, pois cada um dos citados graus, ou atividades, tem sua beleza própria e distinta.

Nota explicativa ao capítulo 34

O tema da *interioridade* é uma constante agostiniana. É penetrando em nós mesmos que subimos ao encontro de Deus (*Sobre a Trindade* 8,2,3; *De vera religione* 39,72). Porque a verdade mora no interior da alma, onde Deus é *intimior intimo meo* (mais íntimo que meu próprio íntimo – *Confissões* 3,6). E o santo Doutor une contemplação e ação, entender e amar, crer e entender: *Crede ut intelligas* – crê para entender. E completa com o *intellige ut credas* (entende para crer mais conscientemente).

35
As atividades da alma recebem denominação diversa segundo os sete graus mencionados

79 – Indagamos da potência da alma, e pode ser que realize a um só tempo todos estes atos, ainda que pareça fazer apenas aquele que realiza com esforço ou com certo temor, quando coloca neste ato particular mais atenção que nos restantes. Desta forma, e por razões pedagógicas, chamamos ao primeiro ato de animação, ao segundo *sensação*, ao terceiro arte ou habilidade, ao quarto *virtude*, ao quinto *tranquilidade*, ao sexto ingresso, ao sétimo *contemplação*.

Poderiam ser chamados também assim: ação sobre o corpo, por meio do corpo, em relação ao corpo, em relação a si mesma, em si mesma, na direção de Deus, diante de Deus.

Também pode ser dito assim: belamente de outro, belamente por outro, belamente em relação a outro, belamente em relação à beleza, belamente até à beleza, belamente diante da Beleza.

E se parece que mais alguma coisa deva ser acrescentada, deixe para mais tarde. Quis designar propositadamente estas atividades com várias denominações, para que você não estranhe que outrem chame com nomes diferentes. Ou as dividem de outro modo, acaso discordando das minhas expressões.

As mesmas coisas podem corretamente e sutilmente receber denominações e divisões numerosas, e cada um emprega o número e a denominação que entende mais conveniente.

Nota explicativa ao capítulo 35

É uma paráfrase agostiniana de sua visão personalíssima dos sete graus ou etapas da atividade da alma. O espírito humano foi criado por Deus como um ser capaz de inteligência, conhecimento e vontade – ou amor de preferência. Nisso é imagem de Deus e é tal imagem que nossa alma deve gravar cada vez mais em sua verdade existencial. Pertence a uma ordem definida nos fins da criação (*Gênesis à letra* 9,17,32), e nesta ordem a alma se mostra tal como deve ser e existir (*A Cidade de Deus* 12,5). Ele definiu em uma das suas obras: "Na ordem das coisas criadas, a natureza racional é um bem tão grande que nenhum outro bem poderia tornar feliz o espírito humano senão o Sumo Bem, ou seja, o mesmo Deus" (*Da natureza do bem*, capítulo 7).

36
Restantes questões sobre a alma
Qual a verdadeira religiosidade?

80 – Portanto, o Deus sumo e verdadeiro, por meio da lei imutável e inviolável com a qual dirige tudo o que criou, submete o corpo à alma, e esta a Deus, e desta maneira submete tudo ao poder divino. Jamais abandona a alma, seja na pena da justiça, como no prêmio da misericórdia. Creio, por causa disso, que a maior beleza na ordem universal é esta, que tudo o que existe deva existir na forma exata a que foi chamada pela criação. E que toda a natureza se ordene por graus, e que, considerados na perfeição do conjunto, nenhuma deformação os atingisse venha de onde vier, e que todo castigo e todo prêmio da alma acrescente sempre algo – em sua justa proporção – à beleza e ordenamento de todas as coisas.

Certamente foi concedido o livre-arbítrio à alma, e alguns que o procuram negar com razões sem fundamento, parecem cegos, e não chegam a perceber que são tolas e sacrílegas as coisas que dizem usando precisamente a sua liberdade de arbítrio. Mas esta vontade livre não foi concedida ao homem para que, de algum modo, venha a ser perturbada a ordem e a lei de Deus, pois isto foi dado pela sabedoria invencível do Senhor de todas as criaturas[1].

Poucos se acostumam a entender estas coisas da maneira que devem ser entendidas. E ninguém seria capaz de entender senão pela perfeita religiosidade. E a verdadeira religião, efetivamente, é aquela na qual a alma se une a Deus pela reconciliação, ao mesmo Deus do qual tinha se afastado pelo pecado. Une-se a alma na terceira atividade e na conduta racional, e ali Deus começa a guiar o espírito; e o purifica no quarto grau; reforma no quinto; introduz em sua amizade no sexto; e no sétimo a alimenta. Em alguns isto sucede de modo mais rápido, em outros só mais tarde, segundo o amor de cada um e os méritos obtidos. E isso tudo Deus faz de modo justo, ordenado e belíssimo, não importando como se comportem as almas sobre as quais atua.

Também me parece um tanto difícil de explicar a questão da utilidade da consagração das criancinhas, comum em nosso tempo. Entretanto, penso que isso lhes é útil de algum modo.

Oportunamente falaremos nisso. Há muito que me acostumei a propor certas questões, não para responder imediatamente, mas para algum dia investigar e conhecer melhor. Será sempre útil fazer isso, desde que nos guie o espírito da verdadeira religiosidade.

81 – Quem poderia se mostrar contrário à verdade de que a alma foi dada ao corpo para lhe dar forma organizada, quando a ordem dos seres, como a constituiu o poder divino, não poderia ser melhor ou mais perfeita? E seria

---

1. Na temática providencialista agostiniana está definido que a ordem se mantém, por ser ação do Amor infinito. Ora, o amor divino é a um só tempo misericórdia que salva, e justiça que pune o erro, e em ambos os casos a ordem é mantida (cf. *A Cidade de Deus*, livro 11, cap. 23).

necessário fazer comparações da atuação da alma neste corpo mortal e perecível, quando ela com toda a justiça já pode condenar-se à morte pelo pecado, ou ser elevada pela virtude, relativamente ao seu modo de ser depois de abandonar esse corpo, ali onde permanecerá na morte pela permanência do pecado, ou poderá ser exaltada na virtude, onde o mesmo Deus, Verdade por essência, será seu prêmio para a eternidade?

Se está de acordo, terminamos agora este longo diálogo, dedicando-nos ao rigoroso cumprimento dos preceitos divinos, e praticando as obras de verdadeira religião, pois não há outro meio para fugir do mal.

Se falei alguma coisa de um modo mais obscuro, ou menos fácil de entender, procure guardar na memória cada assunto, e volte a perguntar em ocasião mais oportuna. O mestre de todos, que está nos céus, não abandona a quem o procura.

EV

Sinto-me profundamente tocado com suas palavras. Julgaria um crime interromper. Mas, se lhe parece mais conveniente encerrar, mesmo sem a resposta aos três pontos brevemente tocados, concordo com a decisão. Mais tarde, para investigar tais questões, levarei em conta suas ocupações e seu tempo disponível. E serei mais bem disposto a escutar.

(Aqui termina o *De quantitate animae*)

Nota final ao livro

Se aqui termina o diálogo, não terminará certamente a reflexão pessoal do leitor, sobre a densidade dos quatro últimos capítulos.

Como o santo Doutor, principalmente no final deste capítulo, deixou nas entrelinhas uma pluralidade de coisas importantes (certamente conversadas pelos dois, fora do diálogo) quero, nesta nota final, dar ao leitor alguns pontos da reflexão agostiniana sobre isso.

Como não estaremos interrompendo o livro, a nota será um pouco mais longa.

Principiamos por aquela afirmação de que certas questões são trazidas para posterior reflexão, sem imediata resposta. Isso é comum na temática agostiniana, e já falamos, na Apresentação, que ele encadeia temas e até livros. O *De inmortalitate animae*, por exemplo, é continuação dos *Solilóquios*, como o *De libero arbitrio* é continuidade deste livro sobre a natureza da alma, para dar estes exemplos apenas.

Segundo: Agostinho não estava com tanto tempo disponível assim, e naquela mesma época elaborava as seguintes obras: *Dos costumes da Igreja Católica*, *Do Gênesis contra os maniqueus*, *Do livre-arbítrio* (também dialogado com Evódio), e iniciava o *De Magistro*.

Terceiro: a referência final sobre a imortalidade da alma, ou seu destino na eternidade, também é uma das questões que ele elaborou em várias obras e meditações. Dois pontos a considerar: para Santo Agostinho, e o texto é claro a respeito, não há por que considerar separadamente o estado da vida atual com o definitivo da consumação de tudo. A morte da alma é uma só no pecado, agora como depois, com a única diferença de que, no tempo, ela pode ressurgir pelo perdão divino, e depois "a própria morte se torna imortal, e o homem não é vivo nem morto, mas eternamente moribundo" (*A Cidade de Deus* 12,11,2), imagem terrível de uma verdade ontológica, a do limite entre o ser e o não ser – a perda do direito à existência, sem voltar ao nada –, algo tão difícil de entender e refletir, quando deve ser assustador experimentar tal coisa, "onde a própria morte se torna imortal" (*A Cidade de Deus* 12,11,2).

E, por outro lado, unir-se a Deus, origem e destino da criatura racional, é vida, e o será na eternidade do encontro definitivo. Veja-se as páginas admiráveis sobre isso em *A Cidade de Deus*, todo o livro 22.

Toda a temática do livro, principalmente dos quatro capítulos finais, está nesta visão dos fins da Criação, e que ele resumiu, comentando São Paulo (At 17,28): *esse a Deo* (provir do ato divino), *esse in Deo* (ser mantido na existência pela ação divina), *esse ad Deum* (existir para Deus). Três obras da maturidade intelectual agostiniana desenvolverão estes temas de um modo admirável, o *De Genesi ad litteram*, o *De Civitate Dei*, e o *De Trinitate* (cf. principalmente o livro 14 deste último livro citado).

O leitor me desculpará se esta nota foi um pouco longa. É que, já dizia Etienne Gilson, a obra agostiniana é um universo de temas e enfoques. E certamente é muito difícil para nós resumir um universo.

Suplemento

*As três questões respondidas de
modo breve no texto:
Origem da alma
Número (individuação) das almas
A alma separada*

1 – Informação preliminar

Três indagações de Evódio tiveram resposta apenas sugerida e um tanto sumária. A questão da origem das almas; a questão do número das almas (sua individualização); o conhecimento da alma separada. O santo Doutor, desejando manter seu enfoque no ponto central, a natureza e a potencialidade do espírito humano, preferiu a resposta simples, para não fazer divagações. E como seria muito longo anotar cada uma das questões em nota explicativa ao texto, preferimos fazer isso em suplemento, e de modo breve e objetivo. E fazemos citação do pensamento agostiniano sobre cada um dos temas, em outras obras. O Suplemento não quer acrescentar coisa alguma ao livro, apenas informar.

2 – A questão da origem das almas

O tempo da patrística, os séculos iniciais do cristianismo, chamava com o nome de *origem das almas* ao problema da transmissão do pecado original, ou o *modo como* desta transmissão. E já explico.

É verdade de fé, inclusive contida na Revelação de modo expresso, que Deus é o criador do ser humano, da alma e do corpo de cada um. E que, por determinação divina, que constitui o gênero humano como homem e mulher (Gn 1,27; 1Cor 11,11), todos os descendentes do primeiro casal procedem, segundo a natureza, da união do homem e da mulher. E também está revelado que Deus criou o corpo humano e nele infundiu o espírito vivente (Gn 2,7), sendo Ele o criador da alma.

Ora, também consta da Revelação, e é de fé definida, que pelo pecado pessoal de um só homem (Adão) todos os seres humanos pecaram (falta comum a todos e pessoal somente em Adão) – Rm 5,12.

Surge aqui a chamada *dúvida patrística* (problema do tempo e hoje superado): Se a primeira alma criada, a de Adão, e criada em estado preternatural de santidade e justiça, é criação *direta* divina, e isto é claro nas Escrituras (Gn 2,7), como são criadas as almas dos demais seres humanos, quando já herdamos a falta original na mesma concepção da natureza? Seria criação direta também? E se é direta, criaria Deus uma alma já atingida pela herança original? Ora, é blasfemo e insultuoso atribuir a Deus a origem de algo em si mau, ou tornado mau. Como entender a união da alma com o corpo na criação do espírito de cada um, sem atribuir a Deus a referida transmissão? Essa era a problemática do tempo. Não havia um texto expresso das Escrituras, nem uma definição oficial da Igreja.

Mas havia no tempo uma terrível controvérsia, e até polêmica, com interpretações que se desejavam fiéis à fé verdadeira; e outras, inclusive heréticas e até sincretistas, discutindo abusivamente o tema.

Santo Agostinho jamais se envolveu na controvérsia. E falarei disto mais adiante.

Falo agora das duas vertentes católicas e que desejavam ser em tudo fiéis ao pensamento e ao ensino da Igreja de Cristo: o traducianismo espiritual, e o criacionismo.

O chamado *traducianismo espiritual* era de uma filosofia sutil, mas um pouco confusa e de explicação difícil. Supunha a transmissão das almas, a partir da alma única diretamente criada, a de Adão. As almas se transmitiam de pai para filhos, a um modo misterioso e espiritual, como a chama que produz uma outra sem deixar de ser ela mesma, em latim: *tanquam flamma ad flammam*. Pensavam com isso respeitar a verdade de que somente

Deus é criador da alma, e de que o pecado se transmite apenas pela ação humana. Ora, não é preciso ser tão sutil e imaginoso, para dizer que Deus não é autor de mal algum. Isto é de fé, e está expresso na Revelação. Por outro lado, como sustentar uma tal "transmissão" espiritual, se a alma é substância simples, sem composição, sem divisão e sem possibilidade alguma de mudança substancial? Além disto, como observa Santo Agostinho, *Carta 190*, esta hipótese traria a suposição de uma transmissão de personalidade, e isto é um absurdo. Ele fez a crítica do traducianismo no seu livro *Da alma e sua origem*, livro 1, cap. 19, n. 34. E ainda assim, como nos informa São Jerônimo, Carta 126 da correspondência agostiniana, essa era a opinião em maioria no tempo, entre os pensadores católicos.

A segunda vertente era a do *criacionismo*: Deus cria cada alma em particular para cada ser humano, na concepção ou logo após. Não entravam na discussão do modo como da transmissão da falta das origens, e queriam a definição da Igreja, à qual declaravam submeter-se. Santo Agostinho era inclinado a essa opinião, mas não tomou posição. Limitava-se a dizer: sem uma definição oficial, e sem um texto direto das Escrituras, não convém opinar coisa alguma. E isso era direito seu. Nunca impediu que fosse o teólogo mais influente da Igreja e reconhecido em seu tempo como autoridade maior, consultado até pelos papas.

Segundo o decreto da Sabedoria infinita, a definição oficial veio mais tarde, séculos depois: O pecado original se transmite pela geração, quando se constitui a natureza completa, a alma é criada perfeita por Deus, é a natureza que transmite a falta. Ora, a resposta agostiniana, no livro, "o autor das almas é Deus e somente Ele", está fiel a essa fé da Igreja.

A pergunta de Evódio, homem de fé sincera e indiscutida, desejava esclarecer sua dificuldade, e aprender melhor, não pretendia fazer controvérsia, queria apenas saber a opinião do amigo. E ele a deu, do modo que achou melhor.

3 – O número das almas

Entenda-se *número* como noção metafísica e até ontológica (o ser em si, sem outra relação), e no sentido de identificação substancial, ou individuação de cada alma na espécie comum.

Tudo que Deus criou tem *número*, ou seja, tem sua identidade concreta numa determinada espécie, numa determinada substância, numa determinada criatura (= ela mesma e não outra). Isso já vinha da filosofia grega, a partir da teoria dos números das coisas em Pitágoras. Há versões de Parmênides, Plotino e Platão. Também Aristóteles – em outra linha de pensamento – trata da individuação dos seres.

Já era objeto de estudos em Alexandria (o maior centro cultural do tempo), mas em termos um tanto platonianos. Não era tema controverso, mas era pouco estudado no Ocidente. A primeira formulação em filosofia segundo a fé católica é inegavelmente de Santo Agostinho. Ele definiu no *De Ordine* 2,15,42, como elemento da harmonia e da beleza dos seres criados, e como expressão da unidade e da identidade do ser. E distingue entre número sensível (a grandeza matemática) e número inteligível (a identificação metafísica). Também admite, neste sentido metafísico, que a alma tem número (= identidade) no *De Ordine*, livro 2,15,43; e que o corpo tem número (identificação) no *De libero arbitrio* 2,11,30. Também se refere a isso no *De Musica* e no seu *De inmortalitate animae*. E tanto o livro sobre a ordem, como estes citados agora, eram anteriores ao *De quantitate animae* e certamente conhecidos de Evódio. Daí a razão de sua pergunta. Sabia que seu amigo e professor tinha tratado do assunto, em filosofia, e aproveitou a ocasião para indagar mais. Teve uma resposta sumária no capítulo 32, n. 69, que ainda iremos comentar. É que Santo Agostinho, mesmo admitindo uma identidade metafísica – dita numérica – não definia nisto a individuação do ser humano racional. Talvez por isso não tenha desenvolvido a questão neste livro, porque ela incluía outro tema. Para Santo Agostinho a individuação tem que estar na essência mesma do espírito e do ser humano: a racionalidade em si. E passo a explicar a posição agostiniana, em sua obra. E isso implica filosofia e teologia, principalmente nas obras da maturidade intelectual, onde definiu de modo mais completo.

Para o pensamento agostiniano o que individualiza os seres da espécie humana é a pessoa. A pessoa existe numa natureza, corpo e alma, e não se individualiza pelos elementos da composição da natureza, mas pela racionalidade corretamente exercida, a *virtus* que ele definiu em *Solilóquios* 1,6,13. E essa *virtus* indica as características pessoais, portanto, também a individualidade. Mas o que individualiza o ser humano é a pessoa (*De Trinitate* 12,12,19). Esta é a posição agostiniana.

No livro agora traduzido ele dá uma resposta lacônica ao assunto do cap. 32, n. 69. É certo que ele reconhecia a unidade da espécie humana, logo, a igualdade das almas em relação à espécie do espírito racional, todas pertencem à mesma espécie. Também distinguia a individualidade de cada ser humano, portanto, uma diferença que a posteridade chamaria de *substancial* (da constituição de cada qual em corpo e alma). As almas se distinguem, como se distinguem os indivíduos (cada um é ele mesmo e não outro). Mas o assunto ainda não era desenvolvido no tempo.

A resposta do capítulo 32, n. 69, está relacionada a isso, ao fato de que o assunto ainda não tinha uma solução ou formulação completa naquela época, por isso: se disser que é uma só, nega a diferença dos indivíduos. Se disser que é uma e vária a um só tempo, além de contraditório, confunde os termos. Se disser que simplesmente é diversa, nega a distinção entre espécie e indivíduo. Ele não quis entrar na controvérsia. Já havia versões de Platão e de Aristóteles, mas ele não aceitava qualquer uma das duas. Formularia depois sua posição própria. E este assunto não cabia no livro, dirigido a definir especificamente a natureza da alma, e não a individuação.

4 – A questão da alma separada

A pergunta de Evódio admitia duas direções na problemática daquele tempo: a) Se a alma possui um "envoltório" sutil que a reveste, e se o conservaria depois? b) Como procede a alma atuando e conhecendo por si mesma, sem o corpo?

A questão "a" não tem origem cristã nem católica, e sequer mereceria referência. É um dos sincretismos da época. A questão "b" tem resposta afirmativa à luz da fé, mas teologicamente, e não apenas em filosofia. Foi respondida de modo lacônico no final do livro, e tem algumas reflexões agostinianas em livros posteriores. E fazemos agora a referência ao pensamento agostiniano em relação a esta pergunta: Como conhece e atua a alma, uma vez separada do corpo?

Esta é uma indagação que o pensamento cristão e católico faz em todos os séculos, e de resposta somente possível à luz da fé, porque será misteriosa sempre no tempo, e só na eternidade saberemos inteiramente. Que somos chamados à vida eterna, isso está na Revelação, no ensino da Igreja, na fé que professamos: creio na vida eterna. Mas não pode a razão, por si mesma, imaginar o que seja o estado da alma separada, e na eternidade, ou imortalidade do espírito.

Sempre foi motivo de reflexão, no pensamento dos grandes nomes da doutrina, o tema da alma atuando por si mesma sem estar ligada ao corpo, ou sem atuar através do corpo. Se agora conhecemos e queremos nesta união de alma e corpo, como atua a alma por si mesma neste estado de separação, onde ela, como diz o mesmo santo Doutor, "conserva um estranho desejo de voltar ao corpo?" (*A Cidade de Deus* 21,3).

Sem nos deixar conduzir pela imaginação, ou pela fantasia das impressões subjetivas, só podemos meditar na fé, onde vemos por visão indireta (2Cor 5,7). Santo Agostinho também teceu algumas considerações sobre o assunto, e no livro 10 do seu *De Trinitate*, falando da potencialidade da alma em si mesma, fala da potencialidade do entendimento, como visão da alma, e como superior à visão do corpo: a alma conhece em si mesma com toda certeza (*De Trinitate* 10,11,17). E em outra obra, destinada especificamente ao tema da alma, ele admite um novo tipo de entendimento do espírito:

> Depois da morte, quem poderá imaginar a potencialidade e a capacidade da alma em conhecimentos a serem adquiridos pelo espírito? E isso, até nas almas que se condenaram eternamente. Que grau de nova forma de conhecimento poderão desenvolver, uma vez separadas do corpo corruptível? E quem poderia investigar como podem as almas boas e más utilizar os sentidos interiores, seja por semelhança dos corpos, seja por boas ou por más impressões da mente, sem qualquer semelhança dos corpos? (*De anima et eius origine* 4,19,30).

Ele não considera o corpo como acidental, tanto que admite uma certa nostalgia da alma querendo a união futura com o corpo, como já foi citado. O ser completo é alma e corpo (*De anima et eius origine*, livro 2, cap. 2, n. 2; *Tratados do Evangelho de São João* 20,10; *A Cidade de Deus* 13,11). Mas alma é substância própria, é vida atuante, e pode existir em si mesma neste estado, sem com isso negar a unidade do ser, que está na pessoa, ou a natureza completa do homem, em alma e corpo (cf. *De inmortalitate animae*, cap. 7, n. 12).

É evidente, pelos termos transcritos, que Santo Agostinho admite ali um novo grau de entendimento da alma, que ela só desenvolve neste estado de separação do corpo. Ela já o teria potencialmente, como espírito que é, mas só o desenvolve completamente ali naquele estado.

Poderia ter parcialmente, de algum modo, na chamada ciência infusa, ainda nesta vida (capítulos 3-5 do livro 12 de *Genesi ad litteram*), mas não será atividade da alma em si. Esta ciência, revelação particular, é atividade exclusiva de Deus sem atuação da alma, que age passivamente. O exemplo que ele dá e comenta é o de São Paulo, arrebatado ao terceiro céu (2Cor 12,1-6).

Ele admite ainda que a alma tem conhecimento inclusive das coisas corporais (indireto, é claro) por imagens mentais (semelhança das coisas físicas, como ele diz), mesmo sem precisar do corpo. Aliás, nas Escrituras fala-se de algo semelhante, da capacidade do espírito puro (no caso o mais puro de todos, puro por essência, o divino), em conhecer melhor do que os sentidos corporais aquilo que chamamos sensível. É uma referência do salmista: "Aquele que fez o olho não vê? Quem concedeu o ouvido ao homem não escuta? Foi Ele quem deu entendimento ao homem" (Sl 93,9-10). A alma, portanto, vê com a mente, melhor que a visão com os olhos do corpo. Isto é uma filosofia como forma de expressão de um tema teológico. Por isso foi dito que podemos apenas cogitar. Não sabemos ainda o que é tal estado de alma separada. Agora, conhecemos na união de alma e corpo. E neste nosso estado atual não se dá alma sem corpo. Conheceremos um dia, na eternidade.

Sete séculos depois, diria o ensinamento de Santo Tomás, em termos perfeitamente agostinianos: "A alma separada tem em si mesma a capacidade de conhecer por suas potências cognitivas" (na *Suma Teológica*, I qu. 89 a. 1).

E Santo Agostinho lembra o caso dos fetos abortivos e crianças que morrem ao nascer, já dotados de alma racional, cujo corpo nem chegou a se formar inteiramente, e que não tiveram nem podiam ter conhecimentos sensíveis, ou dos sentidos do corpo. Suas almas serão capazes de conhecer inteiramente, na sua condição própria (à luz da iluminação divina, é claro), uma vez separadas da matéria (no *Enquiridion*, em referência, n. 85s.). E apenas uma referência, porque falava de outro tema correlato, a transmissão da falta original.

Certamente é fascinante para nossa mente, iluminada pela fé, alegrando-se na esperança, e vivendo o amor a Deus, pensar nisso, meditar, até imaginar um pouco. Desde que não se dê campo à fantasia pura. Podemos e devemos refletir, porque esperamos a vida eterna, e a professamos como afirmação de fé, no Credo.

A alma separada do corpo, e dele conservando certa nostalgia, como diz Santo Agostinho numa passagem de seus livros, aguarda a ressurreição dos corpos no último dia. E neste estado de alma separada, conhecendo por si mesma (*per se ipsam*) com suas potências intelectivas, é capaz de conhecimento das verdades espirituais, e superiores a todas as verdades temporais que podemos atingir agora. Principalmente é *Dei capax* (capaz de Deus), pela visão direta na eternidade, onde a Verdade infinita nos tornará capazes daquilo que nossa finitude não pode ter por si mesma. É a fé nesta certeza, a esperança deste encontro, no amor que permanece, o que mais deve ocupar nossa meditação, porque disto só temos a possibilidade "porque fomos feitos à imagem de Deus" (no livro *De Trinitate* 14,8,11).

> Ali descansaremos e veremos, veremos e amaremos, amaremos e louvaremos. Este é o fim sem fim (*A Cidade de Deus* 22,30,5).

Referências

OBRAS DE SANTO AGOSTINHO consultadas e citadas na Introdução, em Notas explicativas e no Suplemento, segundo o ano da publicação:

CONTRA OS ACADÊMICOS (*Contra Acadêmicos* – 386)

SOBRE A ORDEM (*De Ordine* – 386)

SOLILÓQUIOS (*Soliloquia* – 386-387)

SOBRE A IMORTALIDADE DA ALMA (*De inmortalitate animae* – 387)

SOBRE A MÚSICA (*De Musica* – 387)

COSTUMES DA IGREJA CATÓLICA (*De moribus ecclesiae catholicae* – 388)

GÊNESIS CONTRA OS MANIQUEUS (*De Genesi contra manichaeos* – 389)

SOBRE O MESTRE INTERIOR (*De Magistro* – 389)

SOBRE O LIVRE-ARBÍTRIO (*De libero arbitrio* – 397)

DA DOUTRINA CRISTÃ (*De doctrina christiana* – 397 – livro fundamental da hermenêutica bíblico-teológica de Santo Agostinho)

CONFISSÕES (*Confessiones* – 400)

DA NATUREZA DO BEM (*De natura boni* – 405)

GÊNESIS À LETRA (*De Genesi ad littaram, libri duodecim* – 416)

SOBRE A TRINDADE (*De Trinitate* – 416)

TRATADOS DO EVANGELHO DE SÃO JOÃO (*In Joannis evangelium* – 417)

DA ALMA E DE SUA ORIGEM (*De anima et de eius origine* – 420)

ENQUIRIDION (*Enquiridion sive de fide, spe et charitate* – 421)

A CIDADE DE DEUS (*De civitate Dei* – 426)

Estas obras acima indicadas foram consultadas na coleção da Biblioteca de Autores Cristianos (BAC) da Univ. de Salamanca, Madri, entre 1946 e 1969, em 22 volumes.

LIVRO DAS RETRATAÇÕES (*Retractationum liber* – 427) – consultado na Ed. Benedictine, Desclée, Paris, 1959.

> Leiam meus livros na ordem em que foram escritos, respeitada a sequência correta do meu pensamento. (*Retratações*, início do livro)

***

FONTES DE CONSULTA:

Este livro é de tradução, e se fizemos consultas ocasionais, para notas explicativas, não citamos autores e livros, porque as notas são de nossa inteira responsabilidade e autoria. Habituado há muitos anos, em nosso magistério de filosofia, à leitura de Santo Agostinho e muitos dos seus modernos comentadores, procurei confrontar algumas notas com o que dizem os melhores intérpretes. E são tais interpretações conferidas que indicamos aqui para o leitor.

ÁNGEL CUSTODIO VEGA, OSA

Em seu estudo *San Agustín, moderno por su planteamento del problema de la certeza* – com referência direta a este livro *De quantitate animae* – consistindo no capítulo VII de sua Introducción a la Filosofía de San Agustín, ed. BAC, 1946, p. 169 a 193.

ÉTIENNE GILSON

Introduction a l'étude de Saint Augustin – consultado especificamente o cap. IV da primeira parte do livro, *La connaissance sensible*, também com referências a este livro, em notas ao texto. Edição J. Vrin, Paris, 1949, p. 73-87.

SATURNINO ÁLVAREZ, OSA

El hombre-persona, metafísico de la interioridad

Monografia especializada, desse professor de Salamanca, sobre a doutrina agostiniana da alma e do conhecimento interior. Na coleção da Universidade Católica

Andrés Bello, de Caracas, *Jornadas Internacionales de agustinología* – 3, p. 31-60 – 1987.

HERMÁN GONZÁLEZ OROPEZA, SI

San agustín y su tiempo – estudo do ambiente histórico-cultural do século IV e início do V das problemáticas filosófica e teológica, e controvérsias do tempo, fatores históricos, principalmente o ambiente cultural do norte-africano, situando muito oportunamente a ambiência da cultura cristã e católica diante dos sincretismos e heresias daquela época. Não é um estudo da obra agostiniana, mas da realidade histórica onde ele viveu, ensinou e escreveu. Deus permitindo, gostaria de traduzir algum dia este estudo para o leitor brasileiro, interessado no tema. Em *Jornadas internacionales de agustinología* – 3, Caracas, 1987, p. 11-30.

PORTALIÉ, SI (Eugène)

No seu longo, minucioso e completo estudo da obra e da doutrina agostiniana em todos os seus temas, no *Dictionnaire Catholique de Théologie*, colunas 2.268 até 2.467. Consultados especificamente os dois estudos diretamente ligados ao tema deste livro traduzido:

a) *Natureza da alma e suas potências*, na doutrina agostiniana, cols. 2.357 a 2.361.

b) *Doutrina do conhecimento em Santo Agostinho*, cols. 2.331 a 2.337.

VICTORINO CAPÁNAGA, OAR

El enigma del hombre – na sua monumental introdução ao vol. 1º das obras agostinianas, BAC, 1946, p. 3 a 276. O estudo sobre o homem, na doutrina agostiniana, acima referido, está nas p. 57 a 70. Foi consultado ainda o cap. 9 *En defensa del hombre*, estudo do humanismo católico agostiniano, na sua luta contra as heresias, os sincretismos e a cultura anticristã do seu tempo, p. 145 a 161. Recomendo ao leitor uma lembrança da grande e santa alma deste autor, o maior agustinólogo de nosso tempo, recentemente chamado à casa do Pai, depois de uma fecunda e santa vida de religioso, sacerdote, professor e escritor.

Vozes de Bolso

- *Assim falava Zaratustra* – Friedrich Nietzsche
- *O príncipe* – Nicolau Maquiavel
- *Confissões* – Santo Agostinho
- *Brasil: nunca mais* – Mitra Arquidiocesana de São Paulo
- *A arte da guerra* – Sun Tzu
- *O conceito de angústia* – Søren Aabye Kierkegaard
- *Manifesto do Partido Comunista* – Friedrich Engels e Karl Marx
- *Imitação de Cristo* – Tomás de Kempis
- *O homem à procura de si mesmo* – Rollo May
- *O existencialismo é um humanismo* – Jean-Paul Sartre
- *Além do bem e do mal* – Friedrich Nietzsche
- *O abolicionismo* – Joaquim Nabuco
- *Filoteia* – São Francisco de Sales
- *Jesus Cristo Libertador* – Leonardo Boff
- *A Cidade de Deus – Parte I* – Santo Agostinho
- *A Cidade de Deus – Parte II* – Santo Agostinho
- *O conceito de ironia constantemente referido a Sócrates* – Søren Aabye Kierkegaard
- *Tratado sobre a clemência* – Sêneca
- *O ente e a essência* – Santo Tomás de Aquino
- *Sobre a potencialidade da alma* – De quantitate animae – Santo Agostinho
- *Sobre a vida feliz* – Santo Agostinho
- *Contra os acadêmicos* – Santo Agostinho
- *A Cidade do Sol* – Tommaso Campanella
- *Crepúsculo dos ídolos ou Como se filosofa com o martelo* – Friedrich Nietzsche
- *A essência da filosofia* – Wilhelm Dilthey
- *Elogio da loucura* – Erasmo de Roterdã
- *Utopia* – Thomas Morus
- *Do contrato social* – Jean-Jacques Rousseau
- *Discurso sobre a economia política* – Jean-Jacques Rousseau
- *Vontade de potência* – Friedrich Nietzsche
- *A genealogia da moral* – Friedrich Nietzsche
- *O banquete* – Platão
- *Os pensadores originários* – Anaximandro, Parmênides, Heráclito
- *A arte de ter razão* – Arthur Schopenhauer
- *Discurso sobre o método* – René Descartes
- *Que é isto – A filosofia?* – Martin Heidegger
- *Identidade e diferença* – Martin Heidegger
- *Sobre a mentira* – Santo Agostinho
- *Da arte da guerra* – Nicolau Maquiavel
- *Os direitos do homem* – Thomas Paine
- *Sobre a liberdade* – John Stuart Mill
- *Defensor menor* – Marsílio de Pádua
- *Tratado sobre o regime e o governo da cidade de Florença* – J. Savonarola
- *Primeiros princípios metafísicos da Doutrina do Direito* – Immanuel Kant
- *Carta sobre a tolerância* – John Locke
- *A desobediência civil* – Henry David Thoureau
- *A ideologia alemã* – Karl Marx e Friedrich Engels
- *O conspirador* – Nicolau Maquiavel
- *Discurso de metafísica* – Gottfried Wilhelm Leibniz
- *Segundo tratado sobre o governo civil e outros escritos* – John Locke
- *Miséria da filosofia* – Karl Marx
- *Escritos seletos* – Martinho Lutero
- *Escritos seletos* – João Calvino
- *Que é a literatura?* – Jean-Paul Sartre
- *Dos delitos e das penas* – Cesare Beccaria
- *O anticristo* – Friedrich Nietzsche
- *À paz perpétua* – Immanuel Kant
- *A ética protestante e o espírito do capitalismo* – Max Weber
- *Apologia de Sócrates* – Platão
- *Da república* – Cícero
- *O socialismo humanista* – Che Guevara
- *Da alma* – Aristóteles
- *Heróis e maravilhas* – Jacques Le Goff
- *Breve tratado sobre Deus, o ser humano e sua felicidade* – Baruch de Espinosa
- *Sobre a brevidade da vida & Sobre o ócio* – Sêneca
- *A sujeição das mulheres* – John Stuart Mill
- *Viagem ao Brasil* – Hans Staden
- *Sobre a prudência* – Santo Tomás de Aquino
- *Discurso sobre a origem e os fundamentos da desigualdade entre os homens* – Jean-Jacques Rousseau
- *Cândido, ou o Otimismo* – Voltaire
- *Fédon* – Platão
- *Sobre como lidar consigo mesmo* – Arthur Schopenhauer
- *O discurso da servidão ou O contra um* – Étienne de La Boétie
- *Retórica* – Aristóteles
- *Manuscritos econômico-filosóficos* – Karl Marx
- *Sobre a tranquilidade da alma* – Sêneca